F + 2763.

F 2746
6

RECUEIL

D'ÉDITS, ARRÉTS, DECLARATIONS ET MÉMOIRES,

Concernant la Direction & la Jurisdiction que les Trésoriers de France exercent en Matière de Domaine & de Voirie.

M. DCC. LX.

TABLE

DES PIÉCES CONTENUES EN CE RECUEIL.

Fin de la Table.

ARREST
DU PARLEMENT,

Qui casse une Ordonnance du Bureau des Finances, Domaine & Voirie de la Généralité de Toulouse, du 27. Janvier 1749. & ordonne que la Requête sur laquelle ladite Ordonnance a été rendue, sera & demeurera supprimée.

Du 14. Mars 1755.

Extrait des Régistres du Parlement.

SUR les Réquisitions verbalement faites par le Procureur Général du Roi, Disant qu'un des principaux devoirs de son ministére est de veiller au maintien de l'ordre des Jurisdictions. Cet ordre a pour objet l'Intérêt public : L'Autorité Royale en a établi & fixé les degrés : c'eft bleffer l'un & manquer à l'autre, que vouloir entreprendre d'intervertir cet ordre : Que c'eft dans ces points de vûe qu'il croit devoir dénoncer à la Cour une Ordonnance du Bureau des Finances, Domaine & Voirie de la Généralité de Touloufe, du 27. Janvier 1749. dont il ignoreroit peutêtre encore l'exiftence, fi les abus auxquels fon exécution a donné lieu, n'euffent fait parvenir, quoique lentement, jufqu'à lui les plaintes de quelques Particuliers qui en ont été les victimes.

Que les Tréforiers de France, non contens de l'attribution qui leur a été donnée par l'Edit de 1627. de la Direction & de la Jurifdiction de la Voirie en premiere inftance, ont cherché, contre la teneur de leur propre Titre, à s'attribuer une Jurifdiction prefque Souveraine, indépendante de celle de la Cour, & qui ne feroit foumife qu'à un appel au Confeil, dévolutif & jamais, felon eux, fufpenfif ; appel bien éloigné de l'efprit des Ordonnances qui n'ont multiplié les Tribunaux fouverains, que pour les rapprocher du domicile des Particuliers qui auroient des conteftations à faire vuider ; appel dont la réferve devient bien illufoire par l'éloignement & les grandes occupations du Confeil où l'on voudroit les renvoyer.

Qu'en effet, de quelle efpèce de reffource pourroit être cet appel à un Particulier qui fe croiroit injuftement condamné à payer une amende de dix, vingt ou trente francs, à faire paver une ruë de fon Village, à démolir une partie de fa Maifon ? Faudra-t-il qu'il commence par payer cette amende, faire la dépenfe du Pavé & démolir fa Maifon ? Après quoi, il pourra, s'il le veut, partir du fond de fa Province, fe tranfporter à deux cens lieuës de fon domicile, pour y pourfuivre à grands fraix une Inftance d'appel, dont le Jugement, quelque favorable qu'on le fuppofe, ne le dédommagera pas même des foins & des dépenfes qu'il aura expofé pour l'obtenir : Et combien plus encore cette reffource deviendra-t-elle infructueufe, pour de miférables Païfans qui vivent dans leur Village de leur travail au jour la journée ?

Que par ces raisons l'appel au Conseil, dans le propre sens de cette expression, est inconnu dans tous les Edits & Ordonnances qui ne lui ont point donné de Ressort, & que c'est improprement que quelques Déclarations peu anciennes ont désigné sous ce nom le recours qu'elles permettent d'avoir au Conseil dans des cas & des circonstances particulieres, contre des Jugemens de certaines Jurisdictions passagéres, extraordinaires & privilégiées, & qui, par leur création ou commission, ne sont fixées dans aucun Ressort.

Que la Jurisdiction des Trésoriers de France n'est point dans cette espèce ; que l'Edit qui la leur attribue les fixe dans le Ressort des Parlemens où leurs Bureaux sont établis ; qu'ils n'ont même jamais osé le contester en thèse ; mais que pour éluder à cet égard le Droit commun & le Droit positif, ils ont imaginé de faire une distinction entre une Jurisdiction contentieuse & une Jurisdiction volontaire : Ils donnent cette derniére qualification à la Direction qu'ils ont sur la Voirie ; ils prétendent que la Direction de la Voirie n'est pas soumise au Ressort des Parlemens ; ils traitent de Direction toute Instance commencée au nom du Procureur du Roi ; & par cette gradation singulière ils s'établissent une Jurisdiction indépendante des Parlemens, & presque universelle en matiére de Voirie.

Que c'est sur ces faux principes que le Procureur du Roi du Bureau des Finances, Domaine & Voirie de la Généralité de Toulouse expose, dans sa Requête du 27. Janvier 1749. *Qu'en vertu de l'attribution aux Bureaux des Finances du Droit Royal & Domanial de la Voirie, à l'exclusion de tous autres Juges, les Trésoriers de France exercent une Jurisdiction volontaire & une contentieuse, qu'il importe de distinguer ; .... Que la Jurisdiction volontaire est une des plus anciennes attributions des Trésoriers de France, & leur impose l'obligation de tenir la main à la conservation de la Voie publique & à l'embellissement des Villes & Bourgs, & les autorise à rendre des Ordonnances gé-*

nérales ; . . . . . *Pour l'exécution desquelles Ordonnances générales les Tréforiers de France ont également le droit de rendre des Ordonnances particuliéres pour accorder les permiffions des allignemens des Maifons, direction des Ouvrages & autres de cette efpèce, fuivant les cas particuliers qui fe préfentent :* TOUTES LESQUELLES ORDONNANCES ÉMANÉES DE LA JURISDICTION VOLONTAIRE, SONT INDISTINCTEMENT EXÉCUTÉES NONOBSTANT OPPOSITIONS ET APPELLATIONS QUELCONQUES, DONT SI AUCUNES INTERVIENNENT, LE ROI S'EN EST RÉSERVÉ LA CONNOISSANCE A SOI ET A SON CONSEIL : *Que les Fonctions des Tréforiers de France,* EN EXERÇANT LA JURISDICTION VOLONTAIRE, SONT D'UNE SI GRANDE ÉTENDUE, *qu'il feroit difficile par une même Ordonnance d'obvier à tous les abus qui fe font introduits : C'eft pourquoi il fe borne quant à préfent à requérir d'ordonner que les Edits & Réglemens concernant la Voirie, feront exécutés dans les Villes, Bourgs & Villages, avec inhibitions & défenfes à tous Juges d'en connoître.*

Que les Conclufions de cette Requête qui ne propofe aucun Réglement particulier à faire ou à renouveller, annoncent affez clairement que l'objet de la Requête étoit moins l'intérêt public, que celui de la Jurifdiction, & peut-être celui du Requérant : Et en effet, s'occupe-t-il des abus qu'il feint de vouloir corriger ? Il n'en parle que vaguement & fans en défigner un feul. Mais il s'attache à établir en faveur du Tribunal où il exerce le Miniftére public, une Jurifdiction *volontaire* & indépendante, & à donner à cette Jurifdiction la plus grande étendue.

Que ce fyftême dangereux n'a pour fondement, que la confufion affectée des Droits de la Jurifdiction & de ceux de la Direction. La Direction en matiére de Voirie eft véritablement, ainfi que l'a définie le Procureur du Roi dans fa Requête, *un Droit d'infpection fur toutes fortes de Voies publiques, foit à la Campagne, foit dans les Villes, Bourgs & Villages, à* quoi il auroit dû ajoûter, en suivant le langage des Ordonnances, *dépendans des Justices Royales.* Ce Droit d'inspection qu'on peut encore appeller Droit d'administration, donn, sans doute celui de rendre des Ordonnances & de faire des Réglemens, pour prescrire & fixer ce que chaque Particulier, propriétaire de Maisons ou Héritages, doit observer ou faire pour l'entretien & allignement des Ruës & Chemins, & pour la décoration & embellissement des Villes & Bourgs; qu'on peut voir à, cet égard, ce qu'en dit l'Edit du mois de Décembre 1607. portant Réglement pour les Droits du Grand-Voyer, dans un tems où la Direction de la Voirie étoit séparée de la Jurisdiction, la première exercée par le Grand-Voyer & ses Commis, la seconde par les Prévôts, Baillifs ou Sénéchaux.

Qu'on y trouvera qu'en fixant les Droits du Grand-Voyer & de ses Commis, & lui donnant celui de rendre des Ordonnances pour l'administration de la Voirie, il ne lui donne pas celui de les faire exécuter de son autorité & mandement, mais seulement de faire assigner & condamner à sa requête les Contrevenans pardevant les Juges ordinaires de Police.

Que les Trésoriers de France ont remplacé, par un Edit de 1626. les Grands & Petits Voyers supprimés; qu'ils n'auroient à ce titre pas plus de droit que ces Voyers, & seroient obligés comme eux de recourir aux Baillifs & Sénéchaux, pour l'exécution des Ordonnances qu'on leur contesteroit, si par un Edit de l'année 1627. il n'avoit pas été jugé à propos de leur transporter la Jurisdiction, en première Instance, des matiéres concernant la Voirie; Jurisdiction qu'ils ne peuvent exercer, que comme l'exerçoient les Baillifs & Sénéchaux, c'est-à-dire, sauf l'appel aux Parlemens: Que les dispositions de cet Edit sont claires & positives; qu'elles n'ont été retractées par aucune Loi subséquente; que l'Edit de 1704. contenant quelque nouvelle attribution aux Bureaux des Finances, parle de leur Jurisdiction en matiére de

Voirie, comme d'une Jurisdiction en premiére Instance, dont l'appel doit être porté aux Parlemens. La Déclaration de 1717. donnée en explication de l'Edit de 1704. en parle de même. Les Régistres de la Cour, Dépositaire des Loix, n'en contiennent aucune qui favorise la distinction singu-liére entre Jurisdiction volontaire & Jurisdiction conten-tieuse, encore moins la réserve de l'appel au Conseil en aucun cas.

Que c'est sur la foi de ces Garans, aussi fidéles qu'assurés, des véritables volontés du Roi, qu'on peut affirmer que la Di-rection de la Voirie n'a jamais été une Jurisdiction; qu'elle est un simple Droit d'inspection & d'administration, qui ne s'étend pas même dans tous les cas sur toutes sortes de Villes, Bourgs & Villages, mais seulement sur ceux dépendans des Justices Royales : Que les Droits de la Direction cessent au moment qu'il y a contestation en Cause; que cette contesta-tion nantit la Jurisdiction qui doit être exercée par les Tré-soriers à la vérité, *mais en premiére Instance; que l'appel en doit être porté aux Cours de Parlement dans le Ressort desquels sont établis les Bureaux des Finances* qui l'exercent, & que c'est sans prétexte légitime, & contre les dispositions expresses de l'Edit de 1627. & autres subséquens, que le Procureur du Roi du Bureau des Finances, Domaine & Voirie de la Gé-néralité de Toulouse s'est avisé de hazarder une Requête dans laquelle il expose que les Trésoriers de France ont, en matiére de Voirie, une *Jurisdiction volontaire*, étendue indéfiniment en grande comme en petite Voirie, *sur toutes les Villes, Bourgs & Villages situés dans la Généralité*, une Jurisdiction indépen-dante de l'autorité de la Cour, & dont les Jugemens sont tou-jours *indistinctement exécutés nonobstant oppositions & appella-tions quelconques, dont, si aucunes interviennent, le Roi s'en est réservé la connoissance à soi & à son Conseil.*

Que l'Ordonnance rendue sur cette Requête, contient vingt-quatre articles, dont les vingt-un premiers ne sont que le renouvellement de plusieurs anciens Réglemens concernant

la Voirie. Ces articles, ainsi que le vingt-troisiéme qui dé-
fend à tous Particuliers de s'adresser en matiére de Voirie à
tous autres Juges qu'aux Tréforiers de France, ne font repré-
henfibles, qu'en ce qu'ils font conçus en termes trop généraux,
& peuvent par-là donner lieu peut-être à bien des véxations
& des entreprifes. Le vingt-deuxiéme favorife encore plus
ouvertement l'abus le plus intolérable ; il fait, de chaque Officier du Bureau des Finances, un Voyer particulier, avec pouvoir d'informer de fa feule autorité des contraventions commifes contre les Réglemens ; *d'ordonner & prefcrire aux Con-*
trevenans tout ce que de raifon ; . . . . . accorder des délais ; . . . .
fur tout dreffer Procès-verbaux. Ce font-là toutes les opérations
de la Direction de la Voirie, qui n'appartiennent qu'au Bureau en Corps, confiées cependant, fans reftriction, en tous
lieux, en tout tems, à chaque Officier particulier de ce Bureau. Enfin, le vingt-quatriéme & dernier article charge les
Maire & Confuls des Bourgs, Villes & Villages de certifier
le Bureau des publication & affiche de ladite Ordonnance ;
comme auffi de tenir la main à l'exécution d'icelle, & de donner
avis des contraventions au Procureur du Roi, à peine de tous dé-
pens, dommages & intéréts, . . . & que ladite Ordonnance fera
exécutée nonobftant oppofitions & appellations quelconques, à
peine de mille livres d'amende.

Ce dernier article préfente deux vices principaux : Le premier eft le défaut de compétence des Tréforiers de France,
pour faire des injonctions aux Maire & Confuls, fur lefquels
ils n'ont aucune Jurifdiction.

Le fecond eft le Droit de fouveraineté que s'arroge le Bureau des Finances, en difant que fon Ordonnance *fera exécutée*
nonobftant oppofitions & appellations quelconques, fans y ajoûter, *& fans préjudice d'icelles :* claufe à la vérité bien inutile
dans les principes du Procureur du Roi au Bureau des Finances, principes adoptés & peut-être infpirés par les Tréforiers
de ce Bureau.

Que l'expérience n'a que trop démontré les fâcheufes conféquences de la publication de ce faux fyſtême. Les Peuples ont été intimidés à la vûe d'une Ordonnance qui leur annonçoit que la voie de l'appel au Parlement leur étoit fermée : Ils ont été expoſés, ſans oſer s'en plaindre, à une foule d'Aſſignations multipliées & ruineuſes pour de malheureux & pauvres Païſans. Les moindres Villages ſont devenus l'objet de l'attention du Procureur du Roi pour la netteté, la liberté & le pavé des Ruës, même indépendantes de tout grand Chemin : Quelques Mazures raſſemblées derriére un mauvais Mur, débris d'une petite Ville ruinée qui forme à peine aujourd'hui une eſpèce de Bourgade, ont repris aux yeux du Bureau, preſque Souverain, le titre de Ville ; & lui ont paru ſuſceptibles d'allignemens & d'embelliſſemens.

Qu'il eſt tems de faire ceſſer cette illuſion. L'intérêt public, inſéparable de l'ordre des Juriſdictions, exige du zèle de la Cour, & de la protection qu'elle doit aux Juſticiables de ſon Reſſort, un Arrêt qui, renouvellant, en tant que de beſoin, les diſpoſitions de l'Edit de 1627. concernant la Juriſdiction des Tréſoriers de France ſur la Voirie, raſſure les Peuples allarmés par la crainte d'être privés de la reſſource de l'appel au Parlement, appel réſervé par le titre conſtitutif de la Juriſdiction des Tréſoriers de France, appel bien néceſſaire pour réprimer les injuſtices, ou garantir l'équité de la déciſion d'un premier Juge, qui ne peut prétendre à la confiance publique, que par ſa ſoûmiſſion à l'autorité de la Cour.

Que par ces motifs & conſidérations, il requiert la Cour ordonner la ſuppreſſion de la Requête de Me. Monlong, Procureur du Roi au Bureau des Finances, du 27. Janvier 1749. caſſer l'Ordonnance dudit jour rendue ſur cette Requête ; ordonner de plus fort l'exécution de l'Edit de l'année 1627. & qu'en conſéquence les Tréſoriers de France continueront de connoître, dans l'étendue de leur Généralité, & dans les Villes & lieux dépendans des Juſtices Royales, de toutes matiéres concernant la Voirie, en premiére Inſtance ; & que

l'appel

l'appel des Jugemens tant provisoires que préparatoires, interlocutoires ou définitifs, qu'ils rendront, sera porté nuëment & immédiatement, & ne pourra être porté ailleurs qu'en la Cour ; & que l'Arrêt qu'elle va rendre, sera imprimé, lû, publié & affiché par tout où besoin sera.

Ledit Procureur Général retiré, après avoir laissé un Exemplaire de ladite Ordonnance sur le Bureau ; Vû ladite Ordonnance, euë Délibération :

LA COUR, ayant égard auxdites Requisitions, a ordonné & ordonne que ladite Requête de Monlong, Procureur du Roi, du 27. Janvier 1749. sera & demeurera supprimée. A cassé & casse l'Ordonnance dudit jour rendue sur ladite Requête dudit Procureur du Roi ; & cependant a ordonné & ordonne qu'en exécution de l'Edit de 1627. les Tréforiers de France continueront de connoître, dans l'étenduë de leur Généralité, & dans les Villes & Lieux dépendans des Justices Royales, de toute matiére concernant la Voirie, en premiére Instance ; & que l'appel de leurs Jugemens, tant provisoires, préparatoires ou interlocutoires, que définitifs, sera porté nuëment & immédiatement, & ne pourra être porté ailleurs qu'en la Cour. A ordonné & ordonne que le présent Arrêt sera imprimé, lû, publié & affiché par tout où besoin sera. PRONONCÉ à Toulouse, en Parlement, le quatorziéme Mars mil sept cens cinquante-cinq. Collationné, BARRAU. Controllé, VERLHAC.
Monsieur DE BASTARD, Rapporteur.

ARREST DE LA COUR DE PARLEMENT

QUI ordonne que les Appels de toutes les Ordonnances & Juge-
mens rendus par les Tréforiers de France, en toutes matiéres
de Domaines & de Voirie, ne pourront être portés qu'en la
Cour; & fait défenses aux Officiers des Bureaux des Finances
d'ordonner, ou de réferver aux Parties de les porter ailleurs
qu'en la Cour.

Du 26. Avril 1758.

Extrait des Régiftres du Parlement.

ENTRE Jeanne-Marguerite Jarrye, veuve du fieur Tho-
mas Dutachard, appellante des Sentences, Ordonnance, Bail à rabais & Exécutoire contr'elle obtenus au Bureau
des Finances de la Généralité de la Rochelle, des 4. Septembre, 7. Décembre 1754. & 7. Juillet 1755. enfemble de
l'Ordonance dudit Bureau des Finances du 27. Mars 1756.
& encore appellante de la faifie & exécution de fes meubles
& effets, des faifies-arrêts & autres pourfuites contr'elle faites, & de tout ce qui a précédé & fuivi, & pourroit fuivre,
aux rifques, périls & fortune des Défendeurs ci-après nommés, d'une part; & le Subftitut de M. le Procureur-Général au Bureau des Finances de la Généralité de la Rochelle,
Intimé, d'autre part : & entre ladite veuve Dutachard, Demanderefle aux fins de fa Requête, énoncée en l'Arrêt de la
Cour, du 6. Mai 1756. & Exploits faits en conféquence le
13. du même mois de Mai, ladite Requête tendante à ce qu'il
fût donné acte à la Demanderefle de la fommation & dénonciation qu'elle faifoit aux Défendeurs ci-après nommés, de
l'appel par elle ci-deffus interjetté ; que l'Arrêt à intervenir
fur ledit appel fût déclaré commun avec eux ; en conféquence

ſans s'arrêter à leur oppoſition à la conſtruction du mur de
la Demanderefſe , qu'il lui fût permis de conſtruire de nouveau le mur abbatu en exécution de la Sentence du Bureau
des Finances de la Généralité de la Rochelle dont étoit appel ;
qu'ils fuſſent condamnés ſolidairement en mille livres de
dommages & intérêts envers la Demanderefſe , & en tous ſes
dépens faits au Conſeil & au Bureau des Finances de la Généralité de la Rochelle par la Demanderefſe contre le Subſtitut de M. le Procureur Général au Bureau des Finances de
ladite Généralité de la Rochelle , & contre les Défendeurs ,
& en ceux de la cauſe d'appel , tant en demandant , défen-
dant , que de la ſommation , dénonciation & contreſomma-
tion , d'une part , & Madeleine Prevoſt , veuve du ſieur
Jacques Delaporte , *Chevalier Seigneur de Chabanais* , Dame
de la Terre & Seigneurie de Moulins , Jean Ardouin , Pierre
Deſchamps , Jean Delatour Pierre Joubert & Jean Briſſeau ,
.habitans des villages de Moulins & de la Touche de Pou-
tour , Paroiſſe de Genat , Défendeurs , d'autre part ; & entre
ladite Dame Prevoſt , veuve du ſieur Delaporte de Chabanais , & ledit Jean Briſſeau , Demandeurs en Requête du 4.
Juin 1756. à fin d'oppoſition à l'Arrêt de la Cour du 26. Mai
précédent , ſignifié le 29. faiſant droit ſur leur oppoſition ,
que ledit Arrêt & la procédure ſur laquelle il étoit intervenu,
fuſſent déclarés nuls , & que ladite veuve Dutachard fût condamnée aux dépens , d'une part , & ladite Dame veuve Dutachard , Défenderefſe , d'autre part ; & entre ladite Dame
veuve Prevoſt de Chabanais , Jean Ardouin , Pierre Deſchamps , Jean Delatour , Pierre Joubert & Jean Briſſeau ,
Demandeurs en Requête du 4. Décembre 1756. tendante à
ce qu'il plût à la Cour déclarer ladite Dame veuve Dutachard non-recevable dans ſa demande , ou en tout cas l'en
débouter , & la condamner en tous les dépens , même en ceux
faits par les Demandeurs au Conſeil , & réſervés par l'Arrêt
du 11. Septembre 1755. & Défendeurs , d'une part , & ladite Dame veuve Dutachard , Défenderefſe & Demanderefſe

B ij

en Requête du 10. du même mois de Décembre , tendante à
ce qu'il plût à la Cour, en conséquence des contestations y
pendantes , évoquer à elle la demande formée par la Demanderesse contre les Défendeurs ci-dessus nommés , par Exploit du 13. Mai 1754. au Bailliage de Poitiers ; ordonner
que sur icelle , incidens , circonstances & dépendances, les
Parties procéderoient en la Cour suivant les derniers erremens ; faire défenses aux Juges du Bailliage de Poitiers d'en
connoître , & aux Parties de faire poursuites & procédures
ailleurs qu'en la Cour , à peine de nullité , cassation de procédures , 1000. livres d'amende , & de toutes pertes , dépens , dommages & intérêts , & en cas de contestation , condamner les Contestans aux dépens , d'autre part ; & encore
entre la Dame veuve Dutachard , Demanderesse en Requête
du 30. Décembre 1757. tendante à ce qu'il plût à la Cour
lui adjuger purement & simplement les conclusions par elle
prises en la cause ; & où la Cour y feroit quelque difficulté ,
ce que la Demanderesse n'estimoit pas , lui donner acte de ce
qu'elle posoit & mettoit en fait , que conformément au plan
de l'état des lieux , par elle mis sous les yeux de la Cour , le
sentier dont est question , qui est derriere la maison de la Demanderesse , pratiqué par les Propriétaires de ladite maison ,
pour faciliter à ceux qui avoient des grains à moudre , un
moyen d'arriver au Moulin sans entrer par la maison , ni incommoder le Propriétaire , n'est à la suite d'aucun autre chemin du côté du Village par rapport à son entrée ; que son
extrêmité au bout de l'allée ne s'alligne non plus à aucun
chemin ; que si dans certains cas il s'y forme une espéce de
route pour aller à Bignat , elle se trouve détruite chaque année par la culture des terres , qu'elle se fait même à côté du
chemin public ; que l'avenue d'arbres qui traverse le Domaine de la Demanderesse , conduit en droite ligne au mi-
lieu de la porte d'entrée de ses Bâtimens , d'où il suit qu'elle
n'a jamais été faite pour former un chemin public , puisqu'il
faudroit retourner derriere son Bâtiment ; que la voye publi-

que , la seule connue pour telle , est à quatre-vingt toises de
l'avenue qui conduit à la maison de la Demanderesse ; que
l'ancien chemin est l'unique , qu'il est en droite ligne en ve-
nant de Bignat, qu'il est même plus court & plus beau ; que
l'on se contentoit de mettre des planches pour faciliter un
passage à ceux qui apportoient leurs grains au Moulin, que
ces planches s'enlevoient quand on vouloit ; que ce chemin
nouveau , qu'on veut établir, seroit impraticable , non-seulement parce qu'il faudroit le faire traverser sur l'œil du Moulin de la Demanderesse, mais encore parce qu'il aboutiroit
à des marais impraticables toujours inondés d'eau , & que
la Demanderesse avoit été obligée de faire dessécher sur la
partie du terrein de ce côté où se trouve plantée son avenue
d'arbres , & où elle avoit été obligée de faire construire des
fossés ; enfin que son Moulin étoit anciennement clos par un
mur égal à celui qu'elle a fait construire en dernier lieu, qu'on
avoit détruit depuis la contestation ; que ce mur réunissoit
une grange à la maison de la Demanderesse , & servoit de
clôture à un jardin par sa continuité en ligne droite ; que les
Ouvriers qui ont travaillé à sa confection , y ont trouvé &
ont bâti sur d'anciens vestiges , dont on voyoit encore ac-
tuellement des restes , & que cet endroit étant pris pour le
coin du départ, l'avenue ne se trouve avoir aucune issue à
l'autre extrêmité , & aboutit seulement sur des terres laboura-
bles que les Propriétaires cultivent ; & où ils pratiquent de
petits fossés de distance à autre, pour interrompre & empêcher
qu'on n'y forme des passages ; qu'il fût ordonné que dans
trois jours la Dame Prevost de Chabanais & Consorts seroient
tenus de convenir ou disconvenir desdits faits ; qu'en cas
d'aveu , ou faute par eux de les denier, les conclusions prises
par la Demanderesse lui fussent adjugées , & qu'en cas de
deni , il lui fût permis d'en faire preuve tant par titres que
par témoins pardevant le plus prochain Juge Royal des
Lieux , autre que celui dont étoit appel , pour ladite preuve
faite & rapportée en la Cour , être ordonné ce qu'il appar-

tiendroit ; que la Dame Prevoſt de Chabanais & autres fuſſent condamnés en tous les dépens, d'une part ; & M. le Procureur-Général, prenant le fait & cauſe de ſon Subſtitut au Bureau des Finances de la Généralité de la Rochelle, la Dame veuve Prevoſt de Chabanais, Jean Ardouin, Pierre Deſchamps, Jean Delatour, Pierre Joubert & Jean Briſſeau, Défendeurs d'autre part.

Après que Brouſſe, Avocat de Madeleine Prevoſt, veuve la Porte & Conſorts, & le Moine, Avocat de Jeanne-Marguerite Jarrye, veuve Dutachard, ont été ouis, enſemble Joly de Fleury, pour le Procureur Général du Roi.

LA COUR, faiſant droit ſur l'appel de la Partie de le Moine, de la Sentence du Bureau des Finances de la Rochelle du 4. Septembre 1754. ſans s'arrêter à ſes Requêtes, a mis & met l'appellation & ce dont eſt appel au néant, en ce que ladite Partie de le Moine a été condamnée aux dépens ; émendant quant à ce, décharge ladite Partie de le Moine de ladite condamnation, les Sentences & Ordonnance dont eſt appel au réſidu ſortiſſant leur plein & entier effet ; déboute la Partie de le Moine de ſes demandes contre les Parties de Brouſſe, & la condamne aux dépens à cet égard. Faiſant droit ſur le réquiſitoire du Procureur Général du Roi, ordonne que les Ordonnances, Edits & Déclarations regiſtrés en la Cour, & les Arrêts & Réglemens de la Cour, notamment les Déclarations des 2. Octobre 1703. 5. Août 1704. 18. Juillet & 14. Novembre 1724. & 18. Août 1730. ſeront exécutés ſelon leur forme & teneur ; ce faiſant, que les appels de toutes les Ordonnances & Jugemens tant proviſoires, interlocutoires, préparatoires, que définitifs rendus par les Tréſoriers de France, en toutes matieres de Domaines & de Voiries, à la requête des Parties, ou à celle des Subſtituts du Procureur Général du Roi auſdits Bureaux, ne pourront être portés qu'en la Cour ; fait défenſes auſdits Officiers du Bureau des Tréſoriers de France de la Rochelle, & à ceux de tous autres Bureaux des Finances d'ordonner ou de réſerver aux Parties de les porter ailleurs qu'en la Cour : ordonne que le préfent Arrêt fera envoyé au Bureau des Finances de la Rochelle, pour y être lû, l'Audience tenante, à la diligence du Subftitut du Procureur Général du Roi audit Bureau, imprimé & envoyé dans tous les Bureaux des Finances du Reffort, pour y être pareillement lû à l'Audience defdits Bureaux, à la diligence des Subftituts du Procureur-Général du Roi, publié & affiché partout où befoin fera. Fait en Parlement le vingt-fix Avril mil fept cent cinquante-huit. Collationné, LEGRAND.

Signé, DUFRANC.

MÉMOIRE,

Sur les Arrêts rendus par le Parlement de Toulouse, le 14. Mars 1755. & par le Parlement de Paris, le 26. Avril 1758. qui ordonnent que les appels de toutes les Ordonnances & Jugemens des Tréforiers de France en toutes matieres de Domaine & de Voirie ne pourront être portés qu'auſdits Parlemens.

LEs Tréforiers de France abufant de la Diftinction de la Direction & de la Jurifdiction contentieufe de la Voirie, prétendent que leurs Ordonnances rendues en Direction, ne font foumifes qu'à l'appel au Confeil (a) ; & ils y ont en effet furpris quelques Arrêts fur Requêtes, qui paroiffent favorifer cette prétention.

Ils ne cherchoient depuis quelque tems qu'à s'ériger, en cette matiere, en Tribunaux Souverains, & à s'affranchir de l'appel aux Parlemens, auxquels leurs propres titres les affujettiffent fans diftinction, & il étoit néceffaire de réprimer une entreprife auffi contraire à l'ordre public. Tel eft l'objet des deux Arrêts ci-deffus rapportés.

La direction ou adminiftration de la Voirie n'eft autre chofe que l'exercice de cette infpection, attentive à l'obfervation des Réglemens, par une vigilance journaliére, pour ainfi dire, qui n'impofe aucune contrainte, & prévient les conteftations.

Tout s'y fait de gré à gré ; on n'y trouve, ni Demandeur, ni Défendeur, ni rien de ce qui annonce le Tribunal & le Juge, puifqu'il n'y a ni conteftation, ni litige, ni jugement, ni décifion : d'où il fuit qu'il ne peut y avoir matiere d'appel,

---

(a) Pour connoître toute l'étendue de cette prétention, il faut voir les Réquiſitoires des Procureurs du Roi, & plufieurs Ordonnances des différents Bureaux, qui portent qu'elles feront exécutées, fauf l'appel au Confeil.

parce

parce qu'il n'y en a point eu de Jugement ; les opérations de direction étant fondées, de la part du Directeur, sur la connoissance qu'il donne des Réglemens pour les faire observer, & de la part de ceux qui sont soumis à leur exécution sur un acquiescement volontaire : ce qui n'exclut pas le droit qu'a le Directeur de se faire obéir dans certains cas, dans lesquels la police de toute administration doit donner la provision à ses ordres.

L'idée attachée à la Direction est donc exclusive de toute Jurisdiction : rendre la direction contentieuse, c'est en changer la nature. Ainsi s'il intervient une décision écrite sur un point contesté, ce n'est plus direction, c'est exercice de Jurisdiction : Celle-ci commence où la première cesse par la contradiction, c'est-à-dire dès qu'il y a un commencement de Procès formé, pour parler le langage des Ordonnances, soit que le Procès se forme entre le Procureur du Roi d'un Bureau des Finances & la Partie qui conteste ; soit que la contestation s'élève entre deux Particuliers.

Ce principe est général pour tout ce qui est objet d'administration ; mais il est appliqué d'une maniere directe à l'administration de la Voirie, par les Lettres-Patentes de 1607. portant réglement pour les droits & fonctions du Grand-Voyer de France.

Cet Officier, auquel les Trésoriers ont succédé, ne procédoit jamais que par voye de direction ; & dans l'exercice de cette direction, il étoit si dépendant des Juges ordinaires, qu'en cas de contravention aux Ordonnances non acquiescées qu'il rendroit en ce genre, il étoit obligé de faire assigner les Parties devant lesdits Juges, suivant les articles 1. 3. & 5. desdites Lettres-Patentes.

Les Ordonnances non-acquiescées des Trésoriers de France, rendues en direction de Voirie, sont donc sujettes à l'appel aux Parlemens, comme l'étoient les Sentences des Juges ordinaires que le Grand-Voyer étoit obligé d'obtenir ; & quoique la double qualité de Directeur & de Juge de la Voirie se

C

trouve réunie en faveur des Tréforiers de France depuis l'Edit de 1627. on n'en peut conclure, finon qu'ils peuvent décider, comme premiers Juges, ce qu'ils n'ont pû régler comme Directeurs. Mais la réunion de ce double pouvoir n'augmente ni l'un, ni l'autre : elle en facilite les opérations, fans en changer la nature ; celles de Juges en première inftance reftent toujours foumifes à l'appel au Tribunal fupérieur ; & celles du Directeur n'en deviennent pas fufceptibles.

En effet par tous les Edits & toutes les Déclarations (*a*) qui ont quelque rapport à la Voirie, l'appel eft indiftinctement réfervé aux Parlemens de tous les Jugemens & Ordonnances rendus à ce fujet par les Tréforiers & autres Juges, on n'y trouve aucun veftige d'appel au Confeil.

Les Arrêts dont il s'agit fe font donc conformés à ces Loix en ordonnant : 1º. Que les appels de toutes les Ordonnances & Jugemens, tant provifoires, préparatoires, interlocutoires, que définitifs, (*b*) en toutes matiéres de Domaine & de Voirie, (c) à la requête des Parties, ou à celle des Subftituts du Procureur-Général du Roi aufdits Bureaux des Finances, (*d*)

(*a*) Voyez l'Edit de 1627. Fournival.

La Déclaration de Janvier 1663. article XIV. p. 103. Cod. de la Voirie, tom. 2.

La Déclaration du 2. Octobre 1703. pour les Tréforiers de Dijon, pag. 287.

La Déclaration du 5. Août 1704.

L'Edit du mois de Décembre 1704. pour les Tréforiers de Bretagne, pag. 300.

La Déclaration du 22. Mai 1705. pour les mêmes, pag. 315.

La Déclaration du 18. Juillet 1724. art. XII. & XV. pag. 485.

L'Edit du 14. Novembre 1724. pag. 489. article IV.

La Déclaration du 18. Août 1730. article XI. pag. 571. & 572.

(*b*) Ce font les propres termes de la Déclaration du 5. Août 1704.

(*c*) L'article XI. de la Déclaration du 18. Août 1730. réferve expreffément au Parlement l'appel en matiére même de périls imminents.

(*d*) La diftinction que font les Tréforiers entre les Ordonnances rendues à la requête de leurs Procureurs du Roi, & les Inftances où il y a plufieurs Parties, eft dénuée de tout fondement. La Partie publique n'eft-elle pas une véritable Partie contre laquelle il eft permis de contefter & de défendre fes droits, comme contre toute autre ?

Cette diftinction arbitraire n'a été imaginée, que pour priver les Parties du privilége de l'appel. Car, dans le fait, il n'a jamais lieu au Confeil : les Parties qui en font éloignées, aimeront toûjours mieux fe foumettre aux Jugemens des Tréforiers,

ne pourront être portés qu'en la Cour. (e) 2°. En faisant défenses ausdits Bureaux d'ordonner ou réserver aux Parties, de les porter ailleurs qu'en la Cour. (f)

L'envoi & la publication dans lesdits Bureaux font une suite du droit de Ressort.

& subit l'injustice de leurs Ordonnances, que de faire les frais immenses qui seroient nécessaires pour les faire réformer.

2°. Elle multiplieroit dans toutes les Parties du Royaume les évocations les plus contraires aux Ordonnances.

3°. Elle érigeroit chaque Procureur du Roi en Procureur-Général au Conseil, où il devroit plaider en cette qualité ; puisqu'il n'y pourroit trouver aucun Officier supérieur qui pût y prendre son fait & cause.

(e) Ce sont les propres termes de l'article XXXVI. de la Déclaration de 1734. pour Bordeaux.

(f) Cette Disposition est une suite de la précédente. Voyez l'Arrêt du Conseil, rendu en grande connoissance de cause, le 4. Mars 1743. »qui déclare les Lettres »d'anticipation d'appel obtenues par les Trésoriers de France du Bureau des Fi- »nances de la Rochelle le 25. Septembre 1732. l'assignation donnée au Conseil en »vertu desdites Lettres le 10. Octobre suivant, & toutes les procédures faites en »conséquence, nulles & de nul effet, sauf aux Parties intéressées & au Procureur du »Roi au Bureau des Finances de la Rochelle, à se pourvoir au Parlement de Paris, »ainsi qu'ils aviseront.

SUITE DE MÉMOIRE,

SUR les Arrêts rendus par les Parlemens de Paris & de Touloufe, concernant les Appels des Ordonnances des Tréforiers de France en matiere de Voirie.

POUR fervir de réponfe fommaire au grand Mémoire des Tréfo-riers de France de Bordeaux, contre le Parlement, imprimé in-4°. en 127. pages.

RIEN n'eft plus néceffaire pour faire une jufte applica-tion des principes, que de ne pas fe méprendre fur l'état de la queftion qu'on veut faire décider.

Les Parlemens veulent-ils attaquer les droits qui confti-tuent l'état des Tréforiers de France & leurs juftes prérogati-ves ? Ils en connoiffent toute l'étendue ; & ils ne chercheront jamais à leur donner la plus petite atteinte : ils refpectent trop la fource dont elles émanent. Il faut donc écarter toute idée d'entreprife & d'innovation.

La direction ou l'adminiftration de la Voirie, qui appar-tient aux Tréforiers de France, fuivant le Droit commun actuel du Royaume, entraîne-t-elle en leur faveur l'exercice d'une Jurifdiction indépendante du Reffort des Parlemens, affranchie de l'appel à ces Tribunaux, & feulement foumife à l'appel au Confeil ? C'eft le véritable état de la queftion.

Les Tréforiers de France fondent leur fyftême fur la diftinc-tion qu'ils font de deux fortes de Jurifdictions ; l'une volon-taire, & l'autre contentieufe.

La première, felon eux, eft inféparable de l'adminiftration ; & c'eft celle-là qu'ils prétendent être indépendante du Reffort des Parlemens.

Mais cette diſtinction change toutes les notions, confond toutes les idées , & ſubſtitue des convenances arbitraires aux premiers principes.

En effet toute Juriſdiction eſt contentieuſe par ſa nature , & eſſentiellement différente de l'adminiſtration , comme on l'a déja dit.

L'adminiſtration veille , avertit, ordonne , régit , & ſe fait obéir par la ſeule autorité des Réglemens qu'elle préſente : La Juriſdiction diſcute , juge & contraint.

La premiere n'a de force coactive,que dans les cas où le bien public exige que la proviſion ſoit accordée à l'exécution de ſes ordres.

La ſeconde n'eſt jamais ſéparée de cette force coactive qui fait ſon eſſence.

La première ceſſe par la contradiction qui ne peut naître , ſans faire la matiére de la ſeconde.

C'eſt d'après ces notions exactes,que toutes les Loix qui ont attribué aux Tréſoriers de France la Juriſdiction de la Voirie, en première inſtance , ont réſervé aux Parlemens l'appel de toutes leurs Ordonnances & Jugemens en cette matiére , ſans aucune diſtinction. pag. 4.

Ce n'eſt qu'en adoptant ces notions puiſées dans la nature même des choſes , que les Tréſoriers pourront ſoûtenir que la direction qu'ils exercent , en matiére de Voirie , eſt indépendante du Reſſort des Tribunaux ordinaires.

Que *cette direction forme un objet de pur gouvernement*.........
dans lequel il n'eſt pas poſſible de confondre ces matiéres épineuſes pag. 7.
de diſcuſſions relatives aux intérêts particuliers.

Que *nos Rois ont pû commettre,pour exercer la direction de la
Voirie , tels Officiers qu'ils ont voulu, ſans ſuivre , pour cela , le* pag. 8.
cours réglé pour les Juſtices ordinaires.

Que, *ſuivant un uſage introduit dès les premiers âges de la
Monarchie, cette direction a toujours été confiée , ou à un Officier
en titre , ou à des Commiſſaires amovibles , ou perpétuels , ſans
être attachée aux Juges ordinaires.*

Les Parlemens ne discuteront aucun de ces points : ce seroit s'écarter de l'état de la question. Mais si cette direction entraînoit une contestation, c'est-à-dire, si elle faisoit naître une contestation, le Grand Voyer, ou les Commissaires en cette partie de direction, avoient-ils le pouvoir de juger cette contestation ? La jugeoient-ils souverainement ? Où l'appel de leur décision étoit-il dévolu ailleurs qu'aux Parlemens ? C'est ce qu'il faudroit prouver ; & c'est de quoi, non-seulement on n'apperçoit pas la plus légére trace dans aucun des titres que les Trésoriers ont rassemblés dans les soixante-quatorze premières pages de leur Mémoire, dans lesquelles ils ont épuisé toutes leurs recherches ; mais encore c'est ce qui est formellement décidé en faveur des Parlemens, par toutes les Loix qui ont été citées, & notamment par l'Edit de 1607.

Il seroit donc inutile d'examiner en détail ce grand nombre de titres allégués par les Trésoriers : ces titres ne tendent qu'à prouver qu'ils étoient chargés de la direction de la Voirie avant l'Edit de 1627. & ce n'est pas, encore un coup, de quoi il s'agit.

pag. 6. *Les Parlemens ne confondent point dans une même thèse la partie essentielle de la matiére*, puisqu'au contraire ils y distinguent si expressément l'administration de la Jurisdiction : mais ils ne divisent point cette Jurisdiction, parce que cette division seroit contraire à tous les principes de l'ordre public, au texte & à l'esprit de toutes les Ordonnances.

La Jurisdiction contentieuse de la Voirie n'appartenoit point au Grand Voyer, ni aux Trésoriers de France, avant l'Edit de p. 3¹. 1626. ils en conviennent : ils ont été subrogés en ce point aux Baillif & Sénéchaux ; ils en conviennent encore : ils sont par p. 43. conséquent sous le Ressort des Parlemens : comment le contester ? On peut voir dans un autre Mémoire, quels sont les effets de ce droit de Ressort. Ils conviennent aussi, pag. 51. que les Edits & Déclarations, à commencer par l'Edit de 1627. réservent l'appel aux Parlemens ; & ils sont forcés d'avouer qu'aucune de ces Loix ne réserve l'appel au Conseil.

Cependant, selon eux, pag. 40. le Ressort au Conseil est certain dans cette partie ; quoiqu'ils ayent avancé, pag. 27. qu'elle leur est confiée supérieurement & sans Ressort, & que ce qu'ils ordonnent doit demeurer ferme, stable à toujours, suivant les Edits de 1444. 1489. & 1508.

C'est ainsi que, par les contradictions les plus sensibles, se décrédite un système qui n'a aucun fondement solide.

Ce n'est pas blesser la dignité du Conseil, distingué d'ailleurs par les fonctions les plus éminentes, que d'assurer qu'on ne sçauroit lui attribuer ni ressort, ni territoire, ni ministére public, ni rien de ce qui appartient à l'exercice de la Jurisdiction contentieuse.

Le seul article 91. de l'Ordonnance de Blois, dispense de s'étendre sur un point aussi connu : aucune Loi postérieure n'y a dérogé ; & le grand nombre de décisions particulières que les Trésoriers citent, n'ont pû opérer un changement aussi important.

1°. Elles sont presque toutes intervenues sur les simples Requêtes de leurs Procureurs du Roi, & sans contradiction de la part des Parties intéressées. Une apparence d'utilité momentanée, des prétextes plausibles d'administration ont surpris les premières décisions, qui se sont multipliées avec d'autant plus de facilité, qu'elles n'ont point eu de contradicteurs & qu'elles étoient toutes réparables en définitive.

2°. Ces décisions toujours limitées aux cas particuliers qui en font l'objet, n'ont jamais interrompu la chaîne de la tradition des mêmes principes, toujours consacrés par les Loix données dans le même tems, & adressées à tous les Parlemens, (a) auxquels seuls elles ont continué de réserver l'appel indistinctement de toutes les Ordonnances & Jugemens rendus par les Trésoriers, en matiére de Voirie & de Domaine.

(a) Voyez ces Loix citées dans le précédent Mémoire.

3°. Lorsque la même question de Jurisdiction & de Ressort s'est présentée au Conseil, pour y être instruite contradictoirement , elle y a été formellement décidée en faveur des Parlemens , par des Arrêts rendus en grande connoissance de cause.

Tels sont , l'Arrêt du Conseil qui renvoye au Parlement de Rouen l'Instance sur la compétence, entre les Bureaux des Finances de Caën & les Echevins de la même Ville , & l'Arrêt rendu le 4. Mars 1743. dont il a été parlé dans le précédent Mémoire.

Les Trésoriers ne répondent à ces Arrêts qu'en disant, pag. 40. de leur grand Mémoire , *qu'ils sont du moins aussi peu concluans par le contraste qu'ils forment avec une infinité d'autres ,* sans s'appercevoir que ces deux Arrêts, parfaitement conformes aux Loix que les Trésoriers veulent méconnoître , ne forment *ce contraste* qu'avec les décisions qu'ils ont surprises , & leur ôtent tout l'avantage qu'ils vouloient en retirer.

On pourroit terminer ici cette réponse qui porte également sur toutes les parties du Mémoire dont il s'agit. Mais il ne sera pas inutile de faire quelques réflexions sur la seconde preuve de la première partie , & enfin sur la seconde partie.

Les Trésoriers de France nous apprennent dans cette seconde preuve, pag. 76. qu'ils entendent par direction, tout ce qu'*ils ordonnent d'abondant , sans être réclamé par aucune Partie, dans l'objet seul d'un intérêt public , & dans l'unique vûe de l'exécution des Réglemens.*

Qu'ils entendent , au contraire , par voye de contention , tout ce qui est au-delà de ce cercle , les plaintes , les débats de Partie à Partie , la réparation de leurs griefs respectifs ; en un mot , toute Instance qui est portée devant eux , par le fait d'une Partie civile , & dans le point de vûe d'un INTERÊT propre & personnel.

La première de ces définitions n'a rien de contraire à la chose définie.

La première partie de la seconde définition ne sçauroit être
plus

plus exacte , la voie de contention renferme , en effet , tout ce qui est au-delà du cercle prescrit dans la première : d'où il suit avec évidence que la direction cesse , dès que la contention commence.

Il n'en est pas de même de la seconde partie de cette définition , dans laquelle ils limitent le mot *contention* aux Instances formées entre plusieurs Particuliers , pour en conclurre que toutes les Ordonnances rendues sur la Requête du Ministère public , sont données en direction , & affranchies de l'appel aux Parlemens ; c'est-à-dire , qu'une contestation formée par un Particulier , à l'occasion d'une Ordonnance poursuivie en direction par le Procureur du Roi d'un Bureau des Finances , n'est pas contention. Ce Particulier agit *cependant dans le point de vûe d'un intérêt propre & personnel* ; & rien ne lui est plus indifférent , que d'avoir à defendre ses droits & sa propriété contre son voisin , ou contre le Procureur du Roi du Bureau des Finances , qui , comme on l'a rémarqué , est une véritable partie ; & de la volonté duquel il ne doit pas dépendre de changer l'ordre des Jurisdictions , en commençant les Instances qu'il lui plaît d'iatroduire , sous prétexte de bien public. Deux exemples suffiront pour faire connoître les conséquences d'une pareille prétention.

Les Trésoriers de France ordonneront la démolition d'une maison , par voie de direction , & à la requête de leur Procureur du Roi : le Propriétaire s'y opposera vainement : la maison sera démolie , s'il n'a pas la ressource de l'appel au Parlement.

Second exemple. Les Trésoriers de France décerneront des amendes contre les habitans d'un Village qui n'auront pas obéi à une de leurs Ordonnances rendues en direction de Voirie. Tout ce Village sera mis à contribution : & chaque habitant aimera mieux payer la somme imposée , que de faire les frais d'un appel au Conseil.

Ces exemples ne sont pas chimériques : tant il est vrai qu'on ne peut que s'égarer , lorsqu'on s'éloigne de la simplicité des principes.

D

Toute contention fait la matiere de la Jurifdiction de la Voirie ; & les Ordonnances n'attribuent cette Jurifdiction aux Tréforiers , qu'à la charge de l'appel aux Parlemens , fans aucune diftinction. Elles n'ont point excepté cette efpéce de contention dont les Tréforiers de France veulent connoître avec indépence ; (car l'appel au Confeil n'a jamais lieu.) Toute conteftation a paru aux fages Auteurs de ces Loix, objet néceffaire de Jurifdiction , foit que cette conteftation fe forme avec la Partie publique & un Particulier , foit qu'elle naiffe entre plufieurs Parties ; & ils fe font contentés de fixer les cas où les Ordonnances des Tréforiers doivent être exécutées par provifion , nonobftant & fans préjudice de l'appel.

Enfin , pour ne laiffer rien à defirer fur cette matiére , il faut répondre à une objection que les Treforiers n'ont point faite , mais qu'ils pourroient faire , & qui mérite d'être examinée avec attention.

Faudra-t-il donc (pourroient-ils dire) que, lorfqu'il s'agira d'un objet d'adminiftration générale , comme de la conftruction d'un Pont, d'une nouvelle Chauffée , d'un nouveau grand Chemin néceffaire pour le Commerce ou l'utilité du Royaume , d'une ou de plufieurs Provinces , on en rende la perfection impoffible, en fuivant les formes ordinaires ? L'adminiftration ne doit-elle pas entraîner , en ce cas, l'exercice d'une Jurifdiction indépendante du Reffort des Parlemens , pour terminer fouverainement & fans délai , toutes les conteftations que ces nouveaux établiffemens peuvent faire naître ?

RÉPONSE.

Si les Tréforiers prétendoient par cette objection détruire les principes établis , ils mettroient évidemment l'exception à la place de la régle.

Il s'agit , dans les cas oppofés , d'un ordre nouveau , émané de la volonté expreffe du Souverain Adminiftrateur de l'Etat, qui dans des occafions rares & particulières , par des vûes fupérieures de bien public, & pour l'utilité commune, après avoir balancé les avantages & les inconvéniens, prescrit la voie la plus courte, & préféré celle qui lui paroît la plus propre à faire jouir ses Sujets des bienfaits de sa sollicitude. Cette volonté doit, sans doute, avoir son effet ; & on ne doit pas même douter que les Parlemens ne s'empressassent à revêtir des formes prescrites, ces sortes de commissions extraordinaires, dans des cas particuliers, tels que ceux dont il a été parlé, qui exigent que la Jurisdiction se trouve réunie avec l'administration. Mais il ne doit pas dépendre de la volonté des Trésoriers, de changer ou d'arrêter, à leur gré, le cours de l'ordre établi par des Loix anciennes & générales : ce qu'ils ne pourroient faire, sans usurper cette portion de la Souveraineté même.

De pareilles exceptions, limitées dans leur objet & dans leur durée, confirment donc, plûtôt qu'elles ne confondent le juste partage qui est fait entre l'Administrateur & le Juge ; & n'empêchent pas que, suivant la régle générale, il ne doive être ordonné que les appels de toutes les Ordonnances & Jugemens des Trésoriers de France, en matiére de Voirie & de Domaine, ne pourront être portés qu'aux Parlemens.

Ces exceptions ne doivent pas même être exprimées ; ni les cas rares, qui en font l'objet, réservés dans la nouvelle Loi, par deux raisons également décisives.

La première ; parce que le Législateur ne prévoit jamais, dans une Loi générale, ce qui arrive rarement.

La seconde ; parce que le Roi étant le maître de confier ces sortes de commissions à ceux de ses Officiers qu'il trouve à propos de choisir, une pareille réserve seroit inutile & déplacée dans une Loi qui ne doit regarder que les Trésoriers.

Sur la seconde Partie, pag. 91.

Les Parlemens n'attaquent point l'état des Tréforiers de France, en les confidérant fous deux qualités différentes ; c'eft-à-dire, comme Adminiftrateurs & comme Juges. On peut voir le Mémoire particulier fur la Jurifdiction qu'ils exercent, en matiére de Voirie & de Domaine : on y renvoye avec d'autant plus de confiance, que les principes qui y font expofés, ont été confirmés par une décifion expreffe, rendue en grande connoiffance de caufe, & que les Tréforiers de France n'ignorent pas.

AVERTISSEMENT

Sur le Mémoire suivant.

LEs Tréforiers de France de Touloufe & de Montpellier demanderent dans leurs Lettres & Mémoires envoyés à M. le Chancelier & M. le Contrôleur Général en Octobre 1757.

1°. Des Lettres de reliefs d'adreffe de la Déclaration du 19. Juillet 1757. pour l'enregiftrer & en ordonner de leur chef l'exécution. (*a*)

2°. Qu'il plût à S. M. conformément à l'Edit de 1694. & à la Déclaration de 1703. ordonner par une pareille Déclaration en leur faveur, que la Jurifdiction contentieufe du Domaine, dans laquelle ils venoient d'être rétablis, non-plus que celle de la Voirie, ne pourront en aucun cas, fous prétexte des appellations de leurs Ordonnances au Parlement de Touloufe, nuire ni préjudicier au rang, entrée, féance, & voix délibérative qu'ils ont avec les Maîtres des Comptes, ni à leur prérogative d'être réputés Officiers de Cour Souveraine, ni qu'à raifon defdites appellations, ils puiffent être affujettis à aucune réception, ferment, ni même comparence devant ledit Parlement.

3°. Qu'il fut fait defenfes au Procureur Général de ladite Cour de qualifier les Procureurs & Avocats du Roi de leur Bureau, autrement qu'ils le font par l'Edit de leur création : d'autant que le titre fubalterne de fes Subftituts eft vifiblement incompatible avec leur prérogative, d'être au rang des Officiers des Compagnies fupérieures.

(*a*) Cette Déclaration rend aux Tréforiers de France la Jurifdiction contentieufe du Domaine en première Inftance, fauf l'appel au Parlement.

Il fut tenu à cette occasion trois Bureaux de Législation le 30. & 31. Août, & 12. Novembre 1757. où tous lesdits Mémoires desdits Trésoriers furent examinés avec la plus grande attention ; & les principes contenus dans le Mémoire suivant, confirmés en grande connoissance de cause.

Il y fut décidé. 1°. Que ladite Déclaration étant une Loi d'ordre public, elle avoit dû être adressée au Parlement: que c'étoit de sa main que les Trésoriers de France devoient la tenir ; puisque c'étoit sous son Ressort, qu'ils devoient exercer la Jurisdiction du Domaine en premiere Instance: que cette Loi devoit être publiée à leurs Bureaux, & inscrite sur leurs Régistres ; puisqu'elle fait le titre de leur Jurisdiction, & que les Lettres de relief d'adresse qu'ils demandoient, seroient contraires à l'ordre public.

2°. Que les Avocats du Roi du Bureau de Montpellier devoient obéir à l'Arrêt de *veniat* donné contre eux ; & qu'en conséquence ils partiroient incessament pour Toulouse pour se rendre à la suite du Parlement.

3°. Que lesdits Avocats étoient Substituts de M. le Procureur Général, & devoient être ainsi qualifiés.

En conséquence de cette décision, les Bureaux des Finances de Toulouse & de Montpellier enregistrérent la Déclaration sans Lettres de relief d'adresse ; & lesdits Avocats du Roi qui avoient été mandés par le Parlement, par Arrêt du 23. Août 1757. se rendirent à Toulouse le 24. Décembre ; & furent renvoyés à leurs fonctions par un Arrêt du 29. dudit mois.

MÉMOIRE,

Sur la Jurisdiction que les Tréforiers de France exercent, concernant le Domaine & la Voirie.

PREMIÉRE PARTIE.

LES Tréforiers de France qui, par le droit commun actuel du Royaume, font Juges du Domaine & de la Voirie, à la charge de l'appel aux Parlemens, doivent-ils être regardés comme des Juges ordinaires, foumis en cette partie au Reffort des Parlemens, comme l'étoient les Baillifs & Sénéchaux qu'ils ont remplacés.

Il fuffiroit, pour faire décider contre les Tréforiers la queftion propofée, de diftinguer dans ces Officiers les deux qualités qu'ils réuniffent ; fçavoir, celle d'Adminiftrateurs & celle de Juges.

Les Parlemens ne leur contefteront rien de ce qui a rapport à la première, à laquelle feule il faut appliquer tout ce qui a précédé l'Edit de 1627. & tous les exemples cités dans leurs Mémoires.

Leurs priviléges, le rang honorable qu'ils occupent aux Chambres des Comptes, Cours des Aydes, & même aux Parlemens, lorfqu'ils y font mandés, ou qu'ils demandent à y être entendus, leur affimilation aux Cours fupérieures, toutes ces différentes prérogatives ne prouvent rien par rapport à leurs fonctions de Juges : la réunion de celles qu'ils exercent, peut feulement leur affûrer les égards particuliers que les Parlemens auront toujours pour eux.

Les Tréforiers ne font pas les feuls Officiers du Royaume qui puiffent être confidérés fous différents rapports, & que leur qualité de Juges place dans le même rang des autres Tribunaux qui sont sous le Ressort des Parlemens, sans donner aucune atteinte à leur première dignité : tels sont entre autres les Prévôts des Marchands & les Lieutenans de Police.

Etablis dans le même territoire sur lequel les Parlemens n'ont jamais cessé d'exercer l'universalité de leur Jurisdiction, les Trésoriers n'ont pû recevoir la puissance publique qui leur étoit nécessaire, pour exercer le pouvoir qui leur fut accordé par l'Edit de 1627. que sous la même loi de Ressort qui lie à ces premiers Tribunaux, non-seulement les Juges ordinaires, mais même tous ceux dont ils ont le droit de réformer les Jugemens par la voie de l'appel. Mais avant que d'aller plus loin, il est nécessaire, pour lever toute équivoque, & prévenir toute difficulté, de fixer la vraie notion du droit de Ressort, pour éviter de le confondre avec le simple pouvoir de réformer des Jugemens rendus en première Instance, & à la charge de l'appel.

Le droit de Ressort, considéré en général, n'est point distingué de cette universalité de Jurisdiction que nos Rois ont confiée à leurs Parlemens ; & qui s'étend sur toutes les personnes qui habitent, & sur toutes les choses qui sont renfermées dans un certain territoire, ou enclave, *ubi tamquam Magistra-* Loyseau. *tus jus terrendi habent,* comme Juges des lieux & du territoire, *& ont Justice régulierement & universellement sur toutes les personnes & les choses qui sont dans icelui.*

Le droit de Ressort dont il s'agit principalement dans ce Mémoire, moins étendu que le premier qui vient d'être défini, quoiqu'il en soit une conséquence, est l'exercice de cette Jurisdiction qui s'étend & sur les choses qui ont fait la matiére d'un premier Jugement, & sur la personne du premier Juge qui l'a prononcé rélativement à ses fonctions de Juge.

Contester aux Parlemens ce droit de Ressort, ce seroit les réduire au pouvoir de ce Juge, qui n'avoit qu'une simple notion ou pouvoir de juger sous le nom & autorité du Magistrat ; & qui, suivant la Loi derniere au Code, *Ubi & apud quos restit.*

in

in integrum postul. propriam Jurisdictionem non habebat sed tantum judicandi facultatem sans aucun commandement ; c'est-à-dire , sans celui qui étoit appellé pur commandement, *merum imperium*, qui étoit exempt des formes de la Jurisdiction , & sans celui qu'on désignoit sous le nom de *mixtum imperium*, inséparable de la Jurisdiction ; *quia Jurisdictio sine modica coercitione nulla est, Leg. ultim. de officio ejus cui mandata est Jurisdictio* ; c'est pourquoi , suivant tous les Jurisconsultes , la Jurisdiction *adhæret, cohæret & inhæret imperio.*

Or , ce commandement mêlé de Jurisdiction , & pour cela appellé *mixtum imperium*, devint le commandement ordinaire de tous les Magistrats qui eurent à la fois *prehensionem & vocationem* ; c'est-à-dire , une Jurisdiction coactive proprement dite & territoriale.

Le droit de Ressort n'est donc point borné à la simple faculté de corriger un premier Jugement , & d'en prononcer un plus équitable ; mais il renferme nécessairement le pouvoir de veiller sur la conduite de ceux qui ont rendu ce premier Jugement , de les avertir & d'exercer à leur égard , rélativement à leur fonctions de Juges , toute l'autorité nécessaire pour maintenir & retablir l'ordre.

Cui Jurisdictio data est , ea quoque concessa esse videntur sine quibus Jurisdictio explicari non potuit , Leg. 2. ff. de Jurisdictione.

L'ordre public , le bien de la Justice exigent , & il est de la nature de la chose que tout Juge , à la charge de l'appel dont le pouvoir est perpétuel , soit nécessairement soumis à l'autorité d'un Tribunal supérieur ; d'où il suit qu'un tel Juge est nécessairement soumis à un Ressort ; & si c'est le Parlement qui est le Juge d'appel , il trouve en lui le double pouvoir & de réformer les Jugemens du premier Juge , & pour ainsi dire le Juge lui-même.

Un Tribunal momentané , ou seulement établi pour un certain tems, ou pour un certain genre de causes, dans certain cas peut accidentelement recevoir l'appel même des Juges or-

E

dinaires , & réformer leurs Jugemens. Mais ces Juges ne deviennent point Jufticiables de ce Tribunal ; fon pouvoir eft
limité à la Caufe dont il connoît par la voie de l'appel , & ne
s'étend point au-delà , parce que le premier Juge n'a pas
changé de fupérieur , quant à la maniére dont il remplit fes
fonctions : celui qui réforme fon Jugement , en répare l'in-
juftice , découvre & fait connoître le délit ou la contravention à la Loi dont le premier Juge s'eft rendu coupable à
cette occafion , mais le fupérieur naturel eft feul en droit de
punir l'un & de faire ceffer l'autre , *parce qu'à lui feul appartient le plein entier & univerfel territoire , & non pas à ceux qui
exercent quelque Juftice extraordinaire & limitée à un certain
genre de Caufes ;* ainfi il refte toujours en ce cas un moyen de
rétablir l'ordre.

Il n'en feroit pas de même, fi le droit de veiller fur les fonctions d'un premier Juge n'étoit pas joint dans les Parlemens
avec celui de connoître de l'appel des Jugemens de ce premier
Juge ; parce qu'en ce fecond cas , il feroit dans une indépendance abfolue quant à l'exercice de fes fonctions , puifqu'on
ne pourroit le renvoyer dans aucun Tribunal pour y rendre
compte de fa conduite.

L'exercice de ce droit de Reffort eft fi néceffaire, qu'il a été
communiqué dans les formes prefcrites aux Tribunaux qui
*confervent quelque dérivation dans leur origine & inftitution avec
le Parlement ;* telles font les Cours des Aydes qui connoiffent
par voye de Reffort de l'appel des élections.

Les Tréforiers en confondant toûjours leur qualité d'adminiftrateurs avec celle de Juges , diront fans doute que les prérogatives de leurs Offices les affranchiffent de la régle commune , & qu'ils ne font foumis pour leurs perfonnes qu'à
l'infpection du Confeil (il a été déja obfervé qu'il ne s'agit
point ici de leurs fonctions d'adminiftration) mais indépen-
dament de ce que cette exception auroit de contraire à l'éco-
nomie de l'ordre des Jurifdictions , & même à la dignité du
Confeil ; fi elle étoit étendue à leurs fonctions de Juges , il en

naîtroit dans le fait une indépendance abfolue de ces Officiers comme Juges , dans l'exercice de leur Jurifdiction conten-tieufe. En effet , feroit-ce les Parties ou le Parlement qui les déféreroient au Confeil , s'ils refufoient dans leurs Jugemens de fe conformer aux Arrêts de réglemens que le Parlement auroit rendus , pour fixer le véritable fens des Loix , & ré-former une fauffe Jurifprudence ; réglemens prefque toûjours incidens à des Procès particuliers dont il faudroit envoyer toutes les piéces. Faudroit-il que le Parlement privé du pou-voir de leur faire obferver ces Loix & ces Arrêts eût fans ceffe recours à une autre autorité pour vaincre leur refiftance ? Le miniftére public auroit-il les mains liées , & fa voix feroit-elle étouffée dans le cas même d'une prévarication manifefte. Car il faut aller jufques-là ; quel renverfement dans l'ordre judiciaire ? Quel changement dans l'exercice de l'autorité que nos Rois ont confiée à leurs Parlemens ? Quelle innova-rion dans ce nouveau genre de recours ? Quelle furcharge pour le Confeil ?

Il eft donc évident que la fimple referve de l'appel aux Par-lemens des Jugemens des Tréforiers de France , en matiére de Domaine & de Voirie , entraîne le droit de Reffort qui foûmet à ces premiers Tribunaux les perfonnes de ces Officiers rélati-vement à ces objets.

Le pouvoir que les Parlemens exercent fous l'autorité du Roi ne fçauroit varier ni changer de nature ; ils ne fçauroient connoître de l'appel d'un premier Juge que par voye de Ref-fort : ils ont pû ceffer de connoître de certaines matiéres , mais ils ne peuvent connoître de celles qui leur font confer-vées ou rendues que de la même maniere & qu'avec la même étendue d'autorité , & fans avoir même befoin d'un nouveau titre : tout ce qui n'eft pas diftrait de leur Reffort y eft ren-fermé , & ce qui en a été diftrait y eft réuni de plein droit , lorfque l'obftacle eft levé ; ainfi toute attribution , même mo-mentanée quelle quelle foit , faite à la charge de l'appel aux Parlemens , eft foumife au même droit de Reffort que les

Juges ordinaires ; toûjours en vertu de cette univerſalité de Jurisdiction qui leur eſt propre , & qui leur conſerve ce qu'on peut appeller la grande main dans toute l'étendue de leur *plein entier & univerſel territoire* ; ſur-tout ſi ces premiers Tribunaux ont quaſi *imparti* par l'enrégiſtrement la puiſſance publique à ces nouveaux Juges , ſuivant l'expreſſion d'un célébre Avocat Général.

Marion.

En effet pourroit-on imaginer que les Parlemens, en vérifiant le titre d'un nouveau pouvoir donné à un premier Juge, duquel ils doivent juger l'appel , ayent borné le leur à réformer ſes Jugemens, & rénoncé à toute autorité ſur les perſonnes de ce premier Juge rélativement à ſes fonctions de Juge.

Pourroit-on conteſter que lorſque nos Rois jugerent à propos d'établir une premiere Inſtance concernant les Cauſes du Domaine (perſonne n'ignore que le Parlement en étoit dès ſon inſtitution le ſeul Juge , en première & derniére inſtance) & que les Bailliſs & Sénéchaux furent choiſis pour cette première inſtance ; ils ne fuſſent ſoumis de plein droit au Parlement en cette matiére comme ils l'étoient en toute autre.

Dans la diviſion des anciennes Sénéchauſſées ou dans l'établiſſement des nouvelles par démembremens des anciennes , chacune d'elles par une ſubrogation tacite eſt entrée dans les mêmes droits que les premières dans la portion du territoire qui lui a été aſſigné , & le Parlement n'a rien perdu des ſiens par ce nouveau partage.

L'Edit de 1627. qui eſt le premier titre des Tréſoriers pour connoître du Domaine & de la Voirie, & la première époque où ils ont été aggrégés dans le nombre des Juges du Royaume , en faiſant un pareil démembrement des Bailliages & Sénéchauſſées quant à ces matiéres en faveur des Tréſoriers qui en devinrent les ſeuls Juges, ne pût que les ſubroger en ce point auxdits Bailliages , & leur aſſigner tacitement une portion de ce même territoire, ſur lequel les Parlemens étoient en poſſeſſion d'exercer le pouvoir inhérent à leur eſſence.

Le pouvoir donné aux Tréſoriers par cet Edit , non-ſeule-

ment eft perpétuel, mais il les conftitue les feuls Juges du
Domaine & de la Voirie en première inftance avec tout l'ap-
pareil extérieur d'un Tribunal ordinaire, où le miniftére de
la parole s'exerce en public, où les Parties intéreffées propo-
fent leurs titres & leurs droits par l'organe de leurs défen-
feurs, où le Juge prononce au grand jour de l'Audience, où
s'obfervent les différentes formes de l'ordre judiciaire, & où
enfin tout exclut l'idée d'une fimple commiffion ou d'une attribution extraordinaire.

Rien n'a difpenfé les Tréforiers de la Loi générale qui foûmet au Reffort des Parlemens tout ce qui n'en a pas été diftrait, & ce principe reçoit la plus parfaite application à la
Jurifdiction du Domaine dont les Parlemens *font les Juges na-
turels*, fuivant le langage des Ordonnances : cette Jurifdiction
leur appartient, non-feulement en vertu de l'univerfalité de
leur compétence, mais même en vertu des maximes fonda-
mentales des Fiefs qui veulent que tous les différens qui regardent, tant le Domaine du Seigneur que celui de fes Vaf-
faux foient jugés dans fa Cour. M. Lefeb-
vre, Traité
Manuf. du
Domaine.

Il a été déja rémarqué qu'en conféquence de ces maximes,
toutes les Caufes du Domaine étoient anciennement portées
directement aux Parlemens, qui en étoient les feuls Juges ; &
il n'eft pas poffible de penfer que l'Edit de 1627. ait borné
leur pouvoir à une fimple faculté de réformer les Jugemens
des Tréforiers ; par quel article de cet Edit les Tréforiers
pourroient-ils autorifer leurs prétentions ? Le droit public
veille toujours pour la confervation du Reffort général qu'ont
les Parlemens ; ils n'ont jamais befoin d'un nouveau titre, &
il en faut toûjours un pour fe mettre à leur égard dans le cas
de l'exception.

Il femble qu'il n'en faudroit pas dire davantage pour faire
décider contre les Tréforiers de Touloufe & de Montpellier
toutes les queftions qu'ils ont fait naître à l'occafion de la Déclaration du 19. Juillet dernier ; mais comme le Parlement
cherche plus à les convaincre qu'à les faire condamner, il

entrera dans une difcution exacte de l'Edit de 1627.
après avoir obfervé que tout concourt à les foûmettre au
Reffort des Parlemens en matiére de Domaine & de Voirie.
La néceffité que tout Juge inférieur foit foûmis à l'autorité
d'un Tribunal fupérieur, la nature du pouvoir que les Parlemens exercent, enfin l'indépendance abfolue où feroient ces
Officiers dans l'exercice d'une Jurifdiction, qu'ils n'exercent
qu'à la charge de l'appel, fi les Parlemens n'avoient que la
fimple faculté de réformer leurs Jugemens.

Le premier article de l'Edit de 1627. en révoquant l'Edit
de Cremieu ne fait l'attribution de la Jurifdiction contentieufe
du Domaine aux Bureaux des Finances que conformément à
l'Edit du mois de Février 1543. portant confirmation de la
Chambre du Tréfor.

» Par notre Edit perpétuel & irrévocable, avons révoqué
» & révoquons ledit Edit du mois de Juin 1536. & tous au-
» tres qui ont attribué ou confirmé la connoiffance de notre
» Domaine auxdits Juges, & conformément à celui du mois
» de Février 1543. portant création de notredite Chambre du
» Tréfor à Paris, & attribution aux Confeillers d'icelle ; &
» aux Préfidens & Tréforiers Généraux de France de connoître
» privativement à tous autres Juges du fait de notre Domaine
» & chofes qui en dépendent.

» Avons attribué & attribuons à tous les Bureaux de nof-
» dits Préfidens & Tréforiers Généraux de France, établis en
» chacune Généralité de notre Royaume (fors à celui de Bre-
» tagne) pareil pouvoir, jurifdiction & connoiffance que celle
» attribuée à notre Chambre du Tréfor à Paris par le fufdit
» Edit de l'année 1543.

Or la Chambre du Tréfor n'a jamais exercé la Jurifdiction
du Domaine qu'en qualité de Tribunal ordinaire & fous le
Reffort du Parlement ; toutes les Ordonnances affocient cette
Chambre en cette matiére aux Baillifs & Sénéchaux. (*a*)

Fournival,
pag. 479.
& 480.

(*a*) Les Tréforiers induits en erreur, par ce qui fe trouve énoncé dans le préambule

» Comme pour la connoiſſance en première inſtance (eſt-il
»dit dans l'Edit du mois de Mai 1543.) des cauſes & ma-
»tiéres concernant le fait de notre Domaine, &c. C'eſt à
»ſçavoir, pour notredit Domaine & droits en dépendans, la
»Chambre de notre Tréſor à Paris & auſſi nos Baillifs & Sé-
»néchaux chacun en ſon Reſſort & Juriſdiction. . . . . . .dont
»les appellations quant à ladite Chambre de notre Tréſor, &
»noſdits Baillifs & Sénéchaux vont directement à notre Cour
»de Parlement de Paris.

Fontanon,
t. 2. p. 145.

---

de l'Edit du mois d'Avril 1627. qui fut adreſſé au Parlement de Touloufe ſous la
date du mois de Septembre de la même année, ſoûtiennent qu'ils exerçoient anciennement la Juriſdiction contentieuſe du Domaine, & que cet Edit n'étant pas leur
premier titre en cette matiére, ils ne furent point ſubrogés aux Baillifs & Sénéchaux, mais qu'ils furent rétablis dans leurs anciens droits à cet égard.

On ne s'attachera pas à prouver que le préambule de cet Edit du mois d'Avril (le
préambule de celui qui fut adreſſé au Parlement de Touloufe eſt tout différent) eſt
contredit par tous les anciens monumens, & qu'il eſt certain que toutexercice de Juriſdiction étant étranger à la nature des Offices des premiers Tréſoriers de France ; ces
Officiers ne purent tranſmettre à leurs ſucceſſeurs que le même genre de pouvoir, &
que ſi leurs fonctions d'adminiſtration faiſoient naître de tems en tems quelque con-
tentieux, ce qu'ils exercerent de Juriſdiction juſques en 1627. conjointement avec
d'autres Officiers, ou à la Chambre du Tréſor ne doit être regardé, ſuivant l'expreſſion de Paſquier, que comme un *éclair d'hiſtoire.*

En effet, ſi les Tréſoriers avoient été anciennement Juges du Domaine, ne trouve-
roit-on pas un grand nombre de leurs Jugemens en cette matière ? Au lieu qu'ils ne
ſont nommés que dans quelques Sentences de la Chambre du Tréſor à Paris, ou des
Chambres du Domaine établies ailleurs, auxquelles ils avoient une ſimple préſidence
d'honneur que leur avoit mérité leur adminiſtration.

On doit donc établir comme un fait certain que ce ne fut que par l'Edit de 1627.
qu'ils entrerent pour la première fois dans l'ordre économique des Tribunaux de Juſ-
tice ſous la Loi du Reſſort au Parlement, & que cet Edit derogea en ce point au Droit
commun qui avoit été obſervé juſqu'alors.

Il a été rémarqué que le préambule de l'Edit du mois d'Avril 1627. eſt différent
du préambule du même Edit daté du mois de Septembre, & adreſſé au Parlement
de Touloufe : on ne trouve pas dans ce dernier ces énonciations contraires à tous les
anciens monumens & aux propres titres des Tréſoriers, *que la Juriſdiction du Domaine
dès ſa première origine & inſtitution a toûjours appartenu aux Tréſoriers . . . . . . Que les
Baillifs & Sénéchaux n'avoient anciennement aucune Juriſdiction ſur notre Domaine.*

Ce qui prouve que l'erreur fut bien-tôt reconnue & réparée en donnant pour motif
de l'attribution que cet Edit fait aux Tréſoriers de la Juriſdiction contentieuſe du Domaine, le rapport qu'elle a avec ſon adminiſtration & la néceſſité de les réunir ; il
n'y a qu'à comparer les deux préambules.

On n'apperçoit assurement dans ce texte aucune différence en ce point entre la Chambre du Trésor & les Baillifs & Sénéchaux , on y trouve au contraire une parité entiére.

Cette parité est encore plus marquée par l'Edit du mois de Février de la même année qui a été cité.

On lit dans ce dernier »comme il soit ainsi que la Chambre »de notre Trésor en notre Palais à Paris ait été par nos prédé- »cesseurs Rois de bonne & recommandable mémoire , ancien- »nement instituée , ordonnée & établie pour avoir la connois- »sance , & regarder par concurrence & prévention *avec tous* »*les autres Juges ordinaires* de notre Royaume sur les différens, »causes & procès qui se peuvent mouvoir pour raison des »droits du Domaine de notre Couronne.

Fontanon, t. 2. p. 48.

Ces mots *instituée, ordonnée, établie, autres Juges ordinaires; & ceux-là par concurrence & prévention* , indiquent bien disertement que la Chambre du Trésor procédoit comme les Baillifs & Sénéchaux , les Juges de cette Chambre n'étoient certainement pas des Juges d'attribution ; elle étoit donc soûmise au Ressort du Parlement comme les Baillifs & Sénéchaux y étoient soûmis, donc il est prouvé par l'Edit même de 1627. que les Tréforiers n'ont reçû leur nouvelle attribution que sous le Ressort du Parlement , puisqu'elle ne leur a été faite que conformément audit Edit du mois de Février 1543.

Mais on peut aller plus loin avec les Tréforiers établis dans le Ressort du Parlement de Toulouse en leur faisant connoître le titre qui leur est propre , dans lequel se trouvent aussi les dispositions qui viennent d'être rapportées.

Il a été observé dans la Note précédente que l'Edit du mois d'Avril 1627. fut adressé au Parlement de Toulouse sous la date du mois de Septembre de la même année , avec un préam- bule absolument différent; & ce n'est pas la seule différence essentielle qu'il y a entre ces deux Edits , il fut fait plusieurs changemens pour le Parlement de Toulouse à celui du mois d'Avril. On ne s'arrêtera qu'aux principaux, & on comparera, s'il le faut, l'un & l'autre de ces Edits dans un Mémoire parti- culier :

culier. L'Edit du mois d'Avril donne aux Tréforiers le pouvoir de juger *définitivement & en dernier reffort jufques à 250. liv. & au-deffous pour une fois payer, & jufques à 10. liv. de rente en fonds, & le double defdites fommes par provifion :* & cette difpofition qui bleffoit le droit de reffort du Parlement, fut retranchée dans celui du mois de Septembre. (*a*)

Ce retranchement joint aux changemens faits dans le préambule, fuffifoit feul pour engager le Parlement de Touloufe à l'enregiftrement dud. Edit qui, tel qu'il étoit fous la date du mois d'Avril, avoit fouffert tant d'oppofitions au Parlement de Paris. Mais toute difficulté fut levée par une addition faite à celui du mois de Septembre, plus importante encore que ce retranchement, pour le droit de reffort : la voici d'après les Régiftres du Parlement de Touloufe. (*b*)

» Seront nofdits Préfidens, Tréforiers Généraux, Avocat
» & Procureur tenus de prêter le ferment en notredite Cour de
» Parlement de Touloufe, pour ce qui concerne la Jurifdiction
» contentieufe du Domaine à eux attribuée par ceftui notre
» Edit, (*c*) pour raifon de laquelle nos Sujets ne pourront être
» diftraits du Reffort de notredite Cour de Parlement : ains les
» appellations qui feront relevées des Jugemens donnés par
» iceux Préfidens, Tréforiers Généraux de Languedoc, Guyen-
» ne, & caufes du Domaine reffortiffant en notredite Cour, fe-
» ront traitées & jugées en icelle ; & feront les Ordonnances
» émanées de notredite Cour concernant la remife des Procé-
» dures & autres Actes en dépendans, exécutées fans demander
» *vifa* ni paréatis.

(*a*) M. Lefebvre nous apprend, dans fon Traité manufcrit du Domaine, que le Bureau de Paris n'a jamais joui de ce dernier Reffort.

(*b*) Cette addition eft dans le Regiftre du Parlement avant *l'a linea* qui commence par ces mots : *Tous lefquels Offices créés,* ainfi que l'on trouve auffi dans l'Edit du mois d'Avril. Fournival, pag. 484.

(*c*) Les Préfidens & Gens du Roi du Bureau du Domaine de Paris font reçus & prêtent le ferment à la Grand'Chambre, fuivant l'Edit d'union de la Chambre du Tréfor.

Les Regiſtres du Parlement fourniſſent des preuves de l'exécution prompte de cette importante diſpoſition. On y trouve les Proviſions de Procureur du Roi au Bureau des Finances de Toulouſe du 17. Août 1628. en faveur de Meſſire Bertrand, ſous le titre de notre Conſeiller & Procureur pour nous audit Bureau, regiſtrées le 11. Septembre ſuivant; & l'Arrêt de ſa réception, qui porte *qu'il a été reçu.* On y voit auſſi un pareil enregiſtrement du 20. Décembre 1636. des Proviſions de Procureur du Roi au Bureau de Beziers en faveur de Jean Laporte : enfin les Proviſions de deux Avocats du Roi audit Bureau de Toulouſe, du 17. Août 1628. en faveur de Me. Geraud Dagret, regiſtrées le 16. Mars 1629. & du 12. Février 1644. (a) en faveur de Jean Dagret, regiſtrées le 7. Mai ſuivant.

Les Tréſoriers ſont donc, par leur titre primitif, ſoûmis, comme Juges du Domaine, au Reſſort du Parlement de Toulouſe. Ils doivent donc, comme les Baillages & les autres Juriſdictions, recevoir les Loix qu'il a vérifiées, concernant la Juriſdiction du Domaine & de la Voirie, & les Arrêts de réglement qu'il trouvera à propos de leur envoyer. (b)

On voit par les Ordonnances de 1540. 1554. 1563. &c. qui ont été produites avant la Déclaration du 19. Juillet dernier, que les appellations des Bureaux du Domaine de Toulouſe, Nîmes, Montpellier, Beziers, Cahors, *reſſortiſſoient* au Parlement de Toulouſe.

Mais rien ne prouve mieux que les Parlemens ne procédent jamais que par voye de Reſſort, à l'égard de tous les Officiers dont ils ont le droit de réformer les Jugemens, que la poſſeſſion où ils ont toûjours, été d'envoyer les Loix & leurs Arrêts

(a) Cette dernière année ſe rapproche du tems où les Tréſoriers de Languedoc furent privés par Commiſſions, de la Juriſdiction du Domaine, dans l'exercice de laquelle ils viennent d'être rétablis par la Déclaration du 19. Juillet 1757.

(b) Ces Bureaux étoient compoſés du Sénéchal, du Tréſorier, du Lieutenant Laïc, du Lieutenant Criminel, des Avocats & Procureurs du Roi, du Lieutenant Particulier, du Contrôleur, du Viguier & du Juge ordinaire.

dans les Jurisdictions mêmes que Loyseau appelle extraordinaires , telles que sont les Jurisdictions Consulaires , les trois
Siéges à la Table de Marbre ; sçavoir , la Connétablie & Maréchaussée , les Eaux & Forêts , & l'Amirauté.

Le Parlement envoye dans toutes ces Jurisdictions & les
Loix & les Arrêts qu'il juge à propos d'y faire publier.
L'Ordonnance de 1669. fut envoyée par le Parlement de Toulouse à la Grande Maîtrise & aux Maîtrises Particuliéres. Il
envoya encore à ces Maîtrises la Déclaration du 13. Septembre 1711. qui attribue aux Table de Marbres le droit de
juger en dernier Ressort les Appellations des Jugemens qui
condamnent à des peines afflictives, pour crimes & délits commis en fait & à l'occasion de la Chasse. Il n'y a pas long-
tems que les Officiers de l'Amirauté ont demandé avec la plus
grande instance , que suivant un usage ancien qu'ils ont justi-
fié par plusieurs exemples, (*a*) le Parlement de Paris leur en-
voyât une derniére Déclaration sur les Courses Maritimes ;
& ce n'est que par des raisons particuliéres qu'elle ne leur a
pas été envoyée.

Le Parlement de Toulouse envoye aussi aux Amirautés de
son Ressort les Loix qu'il a vérifiées : on en a sous les yeux plusieurs exemples de 1703. 1713. & 1717.

Il envoye même aux Universités ; enfin en général à toutes
les Jurisdictions de son Ressort : & pour y être autorisé , il
n'auroit besoin que de l'Edit de son dernier rétablissement de
1444. où l'universalité de son pouvoir est exprimée en ces
termes : *In qua quidem curia nostri Parlamenti omnes & uni-
versæ curiæ Senescalliarum, Bailliviarum , Rectoriarum , Vicaria-
rum , Judicaturarum & Cæterarum Jurisdictionum quarumcum-
que antedictarum patriarum . . . . . . suum habebunt Ressortum &
ultimum refugium.*

(*a*) On a recueilli jusques à vingt-deux exemples d'envois faits par le Parlement de
Paris aux Amirautés de son Ressort.

Les Procureurs du Roi de toutes ces Jurisdictions ont toûjours été & sont journellement qualifiés Substituts de M. le Procureur Général , qui commet aux Eaux & Forêts en cas de vacance. (a)

Celui du Domaine en particulier prend lui-même cette qualité sur tous les dossiers qu'il fait remettre au Parquet du Parlement , de tous les Procès dans lesquels M. le Procureur Général doit prendre son fait & cause.

Toutes ces Jurisdictions sont certainement soûmises au Ressort des Parlemens. Les Juges du Domaine seroient-ils les seuls indépendans de leur inspection ?

On n'examinera pas si la publication des Loix & des Arrêts faite aux Baillages , suffiroit pour lier les Trésoriers, ainsi que les autres Sujets du Roi. Mais on observera, en le supposant , qu'il ne s'ensuivroit pas de là, que les Parlemens ne sont point en droit d'adresser les mêmes Loix aux Bureaux des Trésoriers , pour les leur faire connoître d'une maniére plus particuliére , leur donner occasion de les inscrire dans leurs Régistres , & de pouvoir plus facilement y avoir recours dans le besoin. Le droit de vérifier les Loix est inséparable de celui de les faire exécuter; & ce dernier droit, de celui de les faire connoître au Tribunal inférieur qui doit s'y conformer dans ses Jugemens. On peut ajoûter que des raisons de nécessité absolue se joignent même quelquefois à ces motifs d'utilité , lorsqu'il s'agit de Réglemens faits incidemment à l'appel des Jugemens des Trésoriers de France , qu'ils ne peuvent connoître que par une adresse directe. *Ex eaque (curia Parlamenti) cæteri nostri judices & subditi recipere debent elucentis Justitiæ documenta.*

En finissant la première Partie de ce Mémoire, qu'il soit permis d'observer que c'est bien moins la dignité du Parlement que l'on a en vûe que le véritable intérêt du Domaine. Si les Trésoriers

Ordonnance de 1863.

(a) Il y en a deux exemples récens de 1751. & 1754. pour les Maîtrises de Beaugé & Vitri.

sont autorisés à refuser les Loix que le Parlement leur envoye ,
ils pourront à plus forte raison refuser de recevoir les Arrêts
de réglement qu'il pourroit faire. Tous les abus qui pourroient
s'introduire dans leur Jurisprudence, ne pourroient être réfor-
més , que par des Loix qui leur seroient directement adressées.
S'ils ne sont sujets à aucune comparence à raison des fonctions
même qu'ils n'exercent qu'à la charge de l'appel, le Parlement,
borné au droit de réformer chacun de leurs Jugemens en particulier, sera dans l'impossibilité de leur prescrire des régles générales , suivant l'exigence des cas ; & par conséquent de
veiller à la conservation du Domaine.

La Déclaration du 19. Juillet dernier , en rendant à la Cour
féodale du Roi toutes les matiéres contentieuses du Domaine,
n'a certainement pas limité son pouvoir à une Jurisdiction im-
propre, sans territoire , sans ressort , sans commandement , sans
inspection ; & dépouillé cette Cour des droits que son seul
nom lui assure.

Après ces observations préliminaires , il faut en venir aux
exemples, en remarquant que, s'il s'en trouvoit quelqu'un qui
parût favoriser les prétentions des Trésoriers , il devroit céder
aux principes.

SECONDE PARTIE.

L'objet qu'on se propose dans cette seconde Partie, est de prouver que les exemples viennent à l'appui des principes établis dans la première.

PREMIERE QUESTION.

LE s Trésoriers de France doivent-ils recevoir des Parlemens les Loix qu'ils ont vérifiées, concernant la Jurisdiction du Domaine & de la Voirie, & les Arrêts de réglement qu'ils jugent à propos de leur envoyer à ce sujet ?

L'Edit de 1627. qui est le premier titre des Trésoriers de France en cette matiére, ne fut adressé d'abord qu'aux Parlemens : & rien n'est plus décisif contre la prétention des Trésoriers, de recevoir les Loix par des adresses directes, que ce qui se passa à l'occasion de cet Edit.

L'opposition du Parlement de Paris à son exécution, & l'Arrêt qu'il rendit le 21. Mai de la même année, portant défenses aux Trésoriers de son Ressort de prendre connoissance des Procès du Domaine, rendirent nécessaires les Lettres de relief rapportées par Fournival. (a)

Cet Edit n'avoit pas même été envoyé aux Bailliages par le Parlement ; & il étoit nécessaire de le faire connoître aux Bureaux des Finances, en suppléant, par un envoi extraordinaire, à celui qu'il n'avoit point fait. Le Parlement de Toulouse ayant enregistré le même Edit, il n'y eut point de pareilles Lettres pour les Trésoriers de Languedoc. Il est prouvé par un extrait de cet Edit, fait sur les Registres du Bureau

______

(a) Il n'en rapporte que deux ; sçavoir, pour les Bureaux de Limoges & de Soissons.

des Finances de Toulouse par le Greffier de ce Bureau , &
produit au Procès du Domaine , qu'il n'avoit été adreffé qu'au
Parlement de Toulouse , & qu'il n'y eut point de Lettres de
rélief d'adreffe ; puifqu'on trouve à la fin dud. Edit fur les
Regiftres dudit Bureau, le Certificat d'enregiftrement au Parlement par fon Greffier en chef en ces termes : » Les fufdites
» Lettres-Patentes de Sa Majefté en forme d'Edit donné à Paris
» au mois de Septembre 1627. contenant création des Offices
» y mentionnés ès Bureaux des Tréforiers Généraux de France
» de Toulouse & Beziers , ont été enregiftrées ès Regiftres de
» la Cour , pour être le contenu d'icelles gardé & obfervé felon
» leur forme & teneut. Fait à Toulouse en Parlement le 3.
» Juillet 1628. DE MALENFANT , *figné.*

Il faut obferver que dans ce tems-là , où les Parlemens
étoient dans l'ufage de faire publier à l'Audience les Loix
qu'ils avoient vérifiées , on fe difpenfoit fouvent d'ordonner
expreffément par Arrêt l'envoi aux Baillages & autres Siéges ,
des Loix qui avoient été enregiftrées. Il ne feroit donc pas
étonnant qu'on ne trouvât pas d'Arrêt d'envoi de l'Edit de
1627. aux Bureaux des Finances.

Les Lettres de relief adreffées aux Bureaux de Limoges &
de Soiffons doivent être regardées comme une fuite de l'attribution faite au Grand Confeil pour l'exécution de cet Edit,
à laquelle plufieurs Parlemens mettoient obftacle, quoiqu'ils
l'euffent enregiftré.

En effet le Grand Confeil rendit en conféquence de cette
attribution , plufieurs Arrêts qu'on trouve dans Efcorbiac &
dans Fournival ; & enregiftra de nouveau l'Edit de 1627. &
la Déclaration du 17. Octobre 1628.

Les Tréforiers ne citeroient donc point ces exemples , s'ils
faifoient attention à ce qui y donna lieu.

L'Edit de 1693. portant union de la Chambre du Tréfor Nº. 1.
au Bureau des Finances de Paris , ne fut auffi adreffé qu'au
Parlement qui l'enregiftra dans la forme fuivante.

» Regiftré, oui & requérant le Procureur Général du Roi ,

»pour être exécuté selon sa forme & teneur , & Copies colla-
»tionnées envoyées au Bureau des Tréforiers de France de la
»Généralité de Paris , pour y être lû , publié & enregiftré. En-
»joint à mon Subftitut audit Bureau d'y tenir la main , &
»d'en certifier la Cour dans huitaine , fuivant l'Arrêt de ce
»jour. A Paris en Parlement le premier Avril 1693. figné du
»Tillet.

Une Sentence imprimée du Bureau des Finances de Paris
du 26. Mai 1693. (*a*) fuppofe bien clairement que led.
Edit du mois de Mars précédent y fut exécuté, fur l'envoi qui
lui en avoit été fait par le Parlement. On y obferve que les
Baillifs & Sénéchaux continuoient de prendre connoiffance
des matiéres concernant le Domaine , *quoique cet Edit ait été
vérifié & publié partout où befoin a été.*

*Nᵒ. II.
Cod. de la
Voirie , t.
2. p. 254.* Pareil Arrêt d'enrégiftrement de la Déclaration du 16. Juin
1693. portant réglement pour les fonctions & droits des Officiers de la Voirie.

»Regiftrées, oui & ce requérant le Procureur Général du
»Roi , pour être exécutées felon leur forme & teneur , & Co-
»pies collationnées envoyées au Bureau des Tréforiers de
»France de la Généralité de Paris pour y être lûes , publiées
»& enregiftrées. Enjoint aux Subftituts dudit Procureur Gé-
»néral d'y tenir la main , & d'en certifier la Cour dans hui-
»taine , fuivant l'Arrêt de ce jour. A Paris en Parlement le
»25. Juin 1693. figné du Tillet.

Un grand nombre d'Edits & de Déclarations concernant
le Domaine & la Voirie n'ont été adreffés qu'aux Parlemens ;
& on ne fçauroit douter que les Bureaux des Finances ne les
ayent exécutés fans adreffe particuliére : on peut en voir le
recueil dans Neron, Bacquet , Fournival , Efcorbiac , le Code
de la Voirie , le Traité de la Police de M. de la Marre.

(*a*) Il n'eft point fait mention à la vérité, dans cette Sentence de l'envoi dudit Edit
fait par le Parlement. Mais il eft prouvé par l'Arrêt d'enregiftrement que cet envoi
avoit été fait , fans aucune réclamation de la part du Bureau.

On

On y trouve auffi, fur les mêmes matiéres, une fuite d'Arrêts
de réglement donnés par les Parlemens , fouvent fur la demande des Tréforiers , & quelquefois d'office.

Les Bureaux des Finances ont exécuté tous ces Arrêts.

Les Lettres – Patentes portant confirmation de droits de
Voirie du 22. Octobre 1733. regiftrées au Parlement le 11.
Mai 1735. en fourniffent un exemple bien récent ; le Bureau
des Finances de Paris les enregiftra en ces termes : ,, Regiftrées
,, au Bureau des Finances de Paris , oui le Procureur du Roi ,
,, pour être exécutées felon leur forme & teneur ; & jouir par
,, les Impétrans de l'effet contenu en icelles , aux charges ,
,, claufes & conditions portées par notre Ordonnance de ce
,, jour 25. Mai 1735. & à la charge que les préfentes Lettres-
,, Patentes ne pourront être imprimées , que conjointement
,, avec ledit Arrêt de la Cour du 11. du préfent mois , figné
,, Vigneron , &c.

Ces Lettres-Patentes avoient été adreffées aux Tréforiers
de France , comme Grands Voyers de Paris , par la même
claufe qui les adreffoit au Parlement ; & cela devoit être
ainfi , puifqu'elles regardoient l'intérêt d'un tiers dans une
matiére qui étoit de la compétence defdits Tréforiers. D'ailleurs , une pareille adreffe ne prouve pas que le Parlement ne fût pas en droit de leur envoyer ces Lettres. Il faut
remarquer que les Tréforiers crurent devoir faire mention
dans leur Sentence d'enregiftrement de l'Arrêt du Parlement,
qui avoit fixé les droits de Voirie, accordés aux Impétrans ; &
le faire infcrire en entier fur leurs Regiftres.

Si les Tréforiers énoncent des Arrêts du Parlement dans
leurs Sentences d'enregiftrement, & s'ils les font infcrire dans
leurs Regiftres ; pourroient-ils refufer de recevoir de fa main
les Loix qu'il a vérifiées ?

Les Lettres-Patentes qui leur feroient adreffées directement
dans tout ce qui concerne leurs fonctions d'adminiftration ne
prouveroient rien dans l'efpéce dont il s'agit.

Enfin , les Tréforirs de France citent l'Arrêt de 1727.

G

qui fut adreffé par des Lettres - Patentes aux Tréforiers de Dijon.

1°. Cet exemple eft unique , & il eft étranger aux Tréforiers de Languedoc , dont la feule régle eft l'Edit du mois de Septembre 1627. enregiftré au Parlement de Touloufe le 3. Juillet 1628. & au Bureau des Finances de cette Ville , ainfi qu'il a été obfervé.

2°. Cet exemple peut être fondé fur des titres , des ufages , des réglemens , même des priviléges, particuliers au Bureau des Tréforiers de Dijon.

3°. Il eft d'ailleurs dans un cas tout différent de celui dont il s'agit. Dans l'un , c'eft un Arrêt qui prononce fur une Inftance particulière , & qui renvoye plufieurs Procès évoqués; dans l'autre , c'eft une Loi d'ordre public , du genre des Loix que le Roi n'adreffe jamais qu'à fes Cours. L'exemple de l'Edit de 1627. eft le feul qu'on puiffe appliquer à la Déclaration du 19. Juillet dernier.

4°. Il faut remarquer que chaque Bureau des Finances veut toûjours s'approprier & rendre générales à tous les Bureaux , les décifions qu'un feul d'entre eux a obtenues , en préfentant toûjours les exceptions pour les regles : & ils oppofent fans ceffe ces décifions aux Parlemens même , pour lefquels elles n'ont pas été données.

Tel eft l'ufage qu'il font de l'Edit de 1694. & de la Déclaration de 1703. qui difpenfent les Tréforiers de Dijon & de Rouen de comparoître aux Parlemens de ces Villes aux jours de cérémonie : ce qui eft d'autant plus infoûtenable en matiére Domaniale , que les Bureaux des Finances ayant été fubrogés aux différens Juges qui avoient la connoiffance de cette matiére avant l'Edit de 1627. ils doivent fe conduire par les mêmes régles que ces anciens Juges. Ainfi les priviléges que les Tréforiers de Dijon peuvent avoir , par une fubrogation qui leur eft propre , ne fçauroient être étendus aux autres Bureaux.

Refte la feconde queftion qui confifte à fçavoir fi leurs Procureurs du Roi peuvent être qualifiés *Substituts* du Procureur Général du Roi au Parlement.

Sur la seconde Question.

Un seul principe suffit pour la décider contre les Trésoriers.

Le ministére public, qui s'exerce dans un Tribunal, qui ne juge qu'à la charge de l'appel, est représentatif du ministére exercé dans le Tribunal supérieur. Le mot *Substitut* ne signifie que représentant, & n'a rien qui puisse blesser la délicatesse des Procureurs du Roi aux Bureaux des Finances.

Cette qualification est consacrée par un usage ancien & universel; & on la trouve non-seulement dans la Déclaration du 18. Août 1730. où elle est donnée au Procureur du Roi du Bureau des Finances de Paris, mais dans les Lettres de renvoi au Trésor, de diverses Causes, du 8. Juillet 1594. où on lit : »Henry, &c. à nos amés & féaux les Gens tenant notre Justice »du Trésor à Paris, le Substitut de notre Procureur Général »audit Trésor.

Autres Lettres en forme de Déclaration pour la Jurisdiction de la Chambre du Trésor, du 18. Septembre 1597. »Henry, »à tous ceux qui ces présentes Lettres verront : Salut. Le »*Substitut*, en la Justice de notre Trésor de notre amé & féal »Conseiller & Procureur Général en notre Cour de Par-»lement.

Bacquet rapporte dans le même Traité une suite d'Arrêts du Parlement, où le Procureur du Roi au Trésor est toûjours qualifié de Substitut du Procureur Général; (a) & on en trouve un, pag. 531. où le Procureur du Roi lui-même prend cette qualité dans sa Requête au Parlement : »Supplie humblement

---

(a) Les Procureurs & Avocats du Roi des Bureaux des Finances prirent la qualité de Substituts dans la Requête sur laquelle intervint l'Arrêt d'enregistrement donné par le Grand Conseil de la Déclaration du 17. Octobre 1628. & cette même qualité leur fut donnée dans led. Arrêt. Fournival, pag. 1149.

»le Substitut de M. le Procureur Général du Roi en la Cham-
»bre du Trésor.

Le Procureur du Roi au Bureau des Finances a certainement été subrogé au Procureur du Roi en la Chambre du Trésor en matiére de Domaine & de Voirie. Aussi a-t'il toujours été qualifié de *Substitut* depuis l'Edit de 1693. (a) Et le Bureau lui-même, qui n'a jamais contesté cette qualification, la reconnue il n'y a pas long-tems, en énonçant l'Arrêt du Parlement dont il a été parlé ci-dessus du 11. Mai 1735. où elle est donnée audit Procureur du Roi, même dans le dispositif.

Tous ces exemples se sont offerts aux premières recherches.

Enfin, les Trésoriers ont toûjours pû être mandés par le Parlement. On ne leur citera, pour le prouver, que l'article X. de l'Edit du mois de Septembre 1552. rapporté à la page 46. de leurs Mémoires d'Orléans. Cet article régle la place qu'ils doivent occuper au Parlement aux jours d'Audience : *& si c'est à huis clos, & qu'ils soient mandés ou qu'ils ayent affaire pour nos affaires.*

M. de la Marre, Traité de la Police, tom. 4. pag. 763. rapporte un Arrêt du Parlement de Paris du 3. Mai 1697. qui, les Trésoriers de France *mandés & ouis*, cassa sur les conclusions du Procureur Général du Roi, une Ordonnance de réglement de Voirie qu'ils avoient rendue le premier Avril précédent, sur la requisition de leur Procureur du Roi.

La comparence au Parlement n'a rien d'avilissant, aussi l'Edit de 1694. & la Déclaration de 1703. ne la défendent, que dans un cas particulier, & par voye d'exception à la régle générale. Il falloit rapporter la clause en entier : »Ni qu'ils »puissent être assujettis à aucune comparence des Officiers du

---

(a) C'est le même Edit de 1627. portant attribution aux Bureaux des Finances de la Jurisdiction du Domaine & de la Voirie, qui y établit les Procureurs & Avocats du Roi. Ils ont donc dès leur premier établissement exercé un ministére dépendant du Procureur Général du Roi au Parlement. Il faut même observer que ces Officiers ne furent créés que pour le Domaine & la Voirie, & qu'il fallut une Loi pour leur accorder la connoissance des affaires de Finance. Mémoire d'Orléans, pag. 151.

» Reſſort deſd. Parlemens aux jours ordinaires de comparence.

Jours ordinaires, c'eſt-à-dire, à la Saint Martin ou autres jours de cérémonies.

Peut-on conclurre de là que lorſque les Tréſoriers ſont mandés à l'occaſion de quelque affaire, ils puiſſent ſe diſpenſer de comparoître ?

Les Tréſoriers de Touloufe aſſiſtent au nombre de deux aux ouvertures du Parlement de Touloufe, & ſont placés avec les autres Compagnies de la Ville dans le Barreau : les Tréſoriers des autres Bureaux du Reſſort ſont diſpenſés de cette comparence, ainſi que les autres Officiers.

Le Parlement de Touloufe étoit même en poſſeſſion de mander les Tréſoriers de ſon Reſſort avant l'Edit de 1627. c'eſt-à-dire, avant qu'ils exerçaſſent la Juriſdiction contentieuſe du Domaine.

Le Mercredi 12. Mars 1603. en la Grand'Chambre, préſent M. de Verdun Premier Préſident, de Paulo, de Leſſang, Préſidens, Calmel, Vedelly & Aſſezat, &c......... Il fut arrêté, que par le Sieur Préſident ſeroit écrit aux Tréſoriers Généraux de France, établis au Bureau de Beziers, à ce qu'ils députaſſent l'un d'entre eux, pour répondre & ſatisfaire à la Cour, de l'entrepriſe par eux faite d'avoir regiſtré certaines Lettres-Patentes en forme d'Edit, *avant qu'il n'eût été préſenté & vérifié par la Cour.* Et M. le Premier Préſident de Verdun leur ayant écrit en conſéquence, ils députerent Jean Seignouret, Sieur de la Borde, l'un d'entre eux, avec Lettres de créance deſdits Tréſoriers, qu'il exhiba ; & lecture faite d'icelles en la Grand'Chambre, le 7. Mai 1703. il fut arrêté que ledit Seignouret, Tréſorier Général, entreroit en ladite Chambre, pour de ſa bouche dire les raiſons qui les avoient mus à ordonner le Regiſtre deſdits Lettres. Et étant ledit Seignouret entré en ladite Grand'Chambre, (a) & aſſis au

---

(a) La Grand'Chambre du Parlement de Touloufe eſt ſemblable à celle du Parlement Paris : Mais la Chapelle eſt placée dans celle de Touloufe comme l'eſt la Chiminée dans celle de Paris.

premier Banc du côté de la Chapelle ; après ce que par ledit Sieur de Verdun Premier Préſident , lui fut dit , que la Cour deſiroit ſçavoir par ſa bouche les raiſons & occaſions qui avoient mû leſdits Tréſoriers d'ordonner ledit Regiſtre. *Ledit Seignouret répondit qu'ils n'avoient mis en leur Regiſtre clauſe , ains ſeulement le Regiſtre , ce qui ne pouvoit point porter aucun préjudice ; comme ils ne deſirent faire aucune choſe en cette affaire , ni en autre qui ne ſoit conforme à la volonté de la Cour.*

Sur quoi , par le Sieur Premier Préſident fut repréſenté que leſdits *Tréſoriers ne ſe pouvoient excuſer d'avoir entrepris ſur l'au-*torité de la Cour , &c.

OBSERVATIONS

Sur l'Edit de 1627. qui attribue aux Tréforiers de France la Jurifdiction contentieufe du Domaine.

CET Edit a différentes dates de mois, il fut adreffé au Parlement de Paris fous celle du mois d'Avril, & au Parlement de Touloufe fous celle du mois de Septembre.

Celui du mois d'Avril reçût au Parlement de Paris de fi grandes difficultés, que ce Parlement fit défenfes aux Tréforiers de France de fon Reffort de l'exécuter.

La plûpart de ces difficultés furent levées dans celui du mois de Septembre, qui fut enregiftré au Parlement de Touloufe le 3. Juillet 1628. On remarque dans ce dernier les changemens les plus importans.

Par l'un & l'autre de ces Edits les Tréforiers font fubrogés aux Bailliages & Officiers de la Chambre du Tréfor, Juges ordinaires du Domaine en première inftance fous le Reffort des Parlemens.

Comparaifon de ces deux Édits.

Édit du mois d'Avril 1627.

Edit du mois de Septembre 1627. [Voyez N°. III.] enregiftré le 3. Juillet 1628. par le Parlement de Touloufe.

1°. *Ce qui eft énoncé dans le Préambule de l'Edit du mois d'Avril, concernant la Jurifdiction du Domaine, eft contredit par tous les anciens Monumens. Il y eft énoncé que la Jurifdiction du Domaine, dès fa pre-*

1°. Le Préambule de l'Edit du mois de Septembre eft tout différent. On y a abfolument retranché les claufes qui fuppofoient que les Tréforiers de France avoient toûjours dû exercer la Jurifdiction du Do-

nière origine & inſtitution, a toûjours appartenu aux Tréſoriers. … *Que les Baillifs &* Sénéchaux n'avoient anciennement aucune Juriſdiction ſur le Domaine.

2°. *Dans celui-ci la Voirie eſt accordée indiſtinctement aux Tréſoriers de France.*

3°. *Le pouvoir donné par l'Edit du mois d'Avril aux Tréſoriers de France de juger en dernier reſſort juſques à 250. liv. bleſſoit eſſentiellement le droit de Reſſort des Parlemens : & cette diſpoſition à laquelle les Mémoires des Tréſoriers d'Orleans attribuent l'oppoſition du Parlement de Paris, n'a jamais été exécutée.*

Voyez M. Lefebvre, Traité Manuſcrit du Domaine.

4°. *Il n'y a aucune diſpoſition dans cet Edit qui oblige les Tréſoriers de France à prêter ſerment au Parlement de Paris.*

maine : & le ſeul motif que l'on y donne de l'attribution de cette Juriſdiction auſdits Tréſoriers eſt l'inconvénient qu'il y avoit qu'elle fut ſéparée de l'adminiſtration.

2°. Dans l'Edit du mois de Septembre, la Voirie eſt réſervée aux Maires des Ports, & aux Capitouls.

3°. Le pouvoir de juger en dernier reſſort fut retranché dans l'Edit du mois de Septembre, & tous les Jugemens des Tréſoriers de France en matière de Domaine ſont ſoûmis par cet Edit à l'appel au Parlement.

4°. On a vû que l'Edit du mois de Septembre décide en termes exprès que les Tréſoriers de France ſeront tenus de prêter ſerment au Parlement de Touſouſe, pour ce qui concerne la Juriſdiction contentieuſe du Domaine.

Nota. Le Mémoire ſuivant prévient une objection que les Tréſoriers pourroient faire, en oppoſant l'Arrêt du Conſeil & Lettres-Patentes de 1629.

MÉMOIRE

MÉMOIRE,

Sur l'attribution, faite en 1627. aux Trésoriers de France, de la Jurisdiction contentieuse du Domaine & de la Voirie.

ÉDIT du mois d'Avril 1627. enregistré en Lit de Justice. (*a*)

Oppositions du Parlement de Paris.

Édit du mois d'Avril 1628. qui reforme pour le Parlement de Paris celui du mois d'Avril 1627.

Arrêt du Conseil du 5. Août, & Lettres-Patentes du 10. Août 1628. qui font revivre l'Edit du mois d'Avril 1627. ledit Arrêt & lesdites Lettres-Patentes enregistrés au Grand Conseil. (*b*)

Edit du mois de Septembre 1627. reformé pour le Parlement de Toulouse, & enregistré le 3. Juillet 1628.

Arrêt du Conseil du 26. Février 1629. qui ordonne que les Trésoriers des Généralités de Toulouse & Beziers exerceront dorénavant la Jurisdiction contentieuse du Domaine & de la Voirie, circonstances & dépendances, suivant & conformément à l'Edit du mois d'Avril 1627. & à la Déclaration donnée en exécution d'icelui le 10. Août 1628. nonobstant les omissions & restrictions portées par l'Edit du mois de Septembre 1627. auquel il est dérogé en ce qui concerne ces deux Généralités seulement.

Lettres-Patentes du même jour expédiées sur ledit Arrêt, adressées au Grand Conseil, & enregistrées par ledit Grand Conseil le 23. Mars suivant.

(*a*) Il a été prouvé que cet Edit soûmet les Trésoriers au Ressort du Parlement.

(*b*) Cet Arrêt & ces Lettres-Patentes n'ont jamais été exécutés, & les Trésoriers n'ont jamais joui du dernier Ressort jusques à 250. liv. *Voyez M. Lefebure.*

H

Mais, 1°. cet Arrêt & ces Lettres-Patentes, enregistrées seulement au Grand Conseil , ne peuvent détruire l'Edit du mois de Septembre 1627. enregistré au Parlement le 3. Juillet 1628. (a)

2°. Cette question , si ç'en étoit une , a été décidée contradictoirement avec les Trésoriers par un Arrêt du Conseil du 18. Juillet 1741. qui déboute les Trésoriers de la cassation d'un Arrêt rendu le 12. Mars 1735. par le Parlement de Toulouse.

Les Trésoriers demandoient la cassation de cet Arrêt , qui avoit maintenu les Capitouls dans la possession d'exercer dans la Ville & Gardiage la Police & Voirie privativement ausdits Trésoriers & autres Officiers subalternes en première instance, sauf l'appel au Parlement.

Les Trésoriers fondoient leurs moyens de cassation sur l'Edit du mois d'Avril 1627. dont l'Arrêt du 26. Février 1629. & Lettres-Patentes ci-dessus rapportées, avoient ordonné l'exécution , nonobstant l'Edit du mois de Septembre 1627. Les Capitouls opposoient toûjours ce dernier Edit qui leur avoit réservé la Voirie.

L'Arrêt du Conseil rendu le 18. Juillet 1741. après le plus sérieux examen , & en avoir communiqué au Bureau de la Grande Direction des Finances , déboute lesdits Sieurs Trésoriers de France de leur demande en cassation , & les condamne aux dépens.

Ledit Arrêt & Lettres-Patentes de 1629. & l'Arrêt d'enregistrement du Grand Conseil sont visés dans ledit Arrêt de 1741. ainsi que l'Edit du mois de Septembre 1627.

Cette décision est si expresse , que les Trésoriers ne sçauroient l'éluder. Qu'ils apprennent donc pour une bonne fois, que l'Edit du mois de Septembre 1627. est leur unique régle;

(a) Le Grand Conseil l'a jugé lui-même dans la Cause du Chevalier de Lemps, en décidant que la Déclaration de 1737. concernant les Résignations , qu'il avoit enregistrée , ne devoit pas être exécutée à Montpellier , faute d'enregistrement au Parlement de Toulouse : cette Déclaration a été depuis envoyée à ce Parlement.

& qu'il ne leur servira jamais de rien de trouver dans leur Greffe tous les Titres étrangers, qu'ils y ont rassemblés.

Toutes les protestations qu'ils peuvent avoir faites pour s'approprier & faire revivre l'Edit du mois d'Avril 1627. sont nulles de plein droit ; & ils l'ont si bien reconnu eux-mêmes, qu'ils ont constament exécuté l'Edit du mois de Septembre, en faisant recevoir au Parlement leurs Procureurs & Avocats du Roi, pendant tout le tems qu'ils ont exercé la Jurisdiction du Domaine.

Voyez les Provisions & Arrêts de réception ci-dessus rapportés. Les dernieres sont de 1644.

Nota. On n'a eu connoissance de la Lettre suivante que long-tems après que ce Mémoire a été fini & distribué ; elle forme seule un traité complet sur toutes les questions dont il s'agit, quoiqu'elle ne fasse l'application des principes généraux qu'elle expose, qu'à la qualification de Substitut donnée par les Parlemens à ceux qui exercent l'Office public aux Bureaux des Finances.

On y remarquera qu'on a été fondé à considérer les Officiers de ces Bureaux sous différens rapports, rien n'est plus précis, que ce que l'on lit à ce sujet dans cette précieuse Lettre.

Il n'est pas nouveau que la même Charge, ayant différentes fonctions, elle soit dépendante, dans les unes, d'un Tribunal supérieur en cette partie ; & indépendante du même Tribunal, dans les autres.

Il y est encore décidé que les Gens du Roi des Bureaux des Finances sont *véritablement subordonnés* aux Procureurs Généraux aux Parlemens, parce que ces Bureaux le sont véritablement à ces premiers Tribunaux en certaines matiéres, dans lesquelles *on ne peut pas douter* qu'ils ne soient vraiment leurs supérieurs.

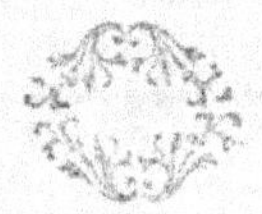

COPIE de la Lettre écrite par M. le Chancellier d'Aguesseau à Messieurs les Gens du Roi du Bureau des Finances à Aix le 6. Août 1735. (a)

MESSIEURS,

JE connois tous les attributs & toutes les prérogatives de vos Charges ; mais je ne sçais si elles vous donnent droit de vous recrier contre la qualité de Substitut, qui vous est donnée par MM. les Procureurs Généraux au Parlement de Provence, lorsqu'ils ne l'appliquent qu'aux matiéres dans lesquelles vous leur êtes véritablement subordonnés.

Il n'est pas nouveau que la même Charge ayant différentes fonctions, elle soit dépendante dans les unes d'un Tribunal supérieur en cette partie, & indépendante du même Tribunal dans les autres. C'est ainsi que le Conseil d'Artois est indépendant du Parlement de Paris, dans les affaires criminelles, & dans les matiéres d'Aydes ou d'Impositions, qu'il juge en dernier ressort ; & qu'il en est dépendant dans tout le reste ; c'est encore de la même maniére que M^{rs}. les Maîtres des Requêtes sont subordonnés au même Parlement dans les Causes ou Affaires ordinaires qu'ils ne jugent qu'à la charge de l'ap-

---

(a) On reconnoîtra dans toute cette Lettre cette supériorité qui caractérisoit son illustre Auteur, & sur-tout cet art plein de douceur & d'insinuation, qui, sous le voile d'un doute apparent sur les questions proposées, étoit si capable de ménager & de calmer l'amour propre de ceux dont il falloit combattre les préjugés : c'est ainsi que la bonté de son cœur l'engageoit toûjours à tempérer par l'aménité & les graces de son stile, ces premiers traits frappans de lumiére, que lui offroient à l'instant la beauté de son génie, l'étendue & l'universalité de ses connoissances.

pel, & qu'ils ne le reconnoissent point pour supérieur dans les matiéres dont la connoissance leur est attribuée en dernier Ressort.

La qualité de Substitut se régle ordinairement par la même distinction ; j'ai toujours vû l'Officier qui a le titre de Procureur Général au Conseil d'Artois traité de Substitut par M. le Procureur Général au Parlement de Paris dans les matiéres ordinaires sans aucune réclamation de la part de cet Officier ; & quoique depuis l'union, qui a été faite de la Sénéchaussée & du Présidial de Lyon à la Cour des Monoyes de la même Ville ; celui qui est Procureur du Roi à la Sénéchaussée, soit aussi Procureur Général à la Cour des Monoyes, cela n'empêche pas que dans toutes les matiéres, qui ne sont pas de la compétence de cette Cour, on ne lui donne la qualité de Substitut de M. le Procureur Général.

A l'égard des Bureaux des Finances, M. le Procureur Général au Parlement de Paris est dans l'usage notoire de traiter les Procureurs du Roi en ce Siége de ses Substituts, lorsqu'il s'agit de la Jurisdiction contentieuse, soit dans les affaires qui regardent le Domaine du Roi, ou dans toute autre matiére, que les Trésoriers de France ne jugent qu'à la charge de l'appel au Parlement.

Cet usage n'a rien de contraire au titre des Procureurs du Roi sur lequel vous allégués, non-seulement vos Provisions, mais les Edits de création des Charges auxquelles le ministére public est attribué dans les Bureaux des Finances.

Si cette raison étoit solide, il n'y auroit aucuns Procureurs du Roi dans le Royaume, auxquels la qualité de Substitut de Procureur Général pourroit être donnée ; parce qu'il n'y en a aucun qui ne soit créé & pourvû sous le nom de Procureur du Roi : & je viens même de vous faire remarquer, que quoique celui, qui exerce l'Office public au Conseil Provincial d'Artois, ait le titre de Procureur Général par ses Provisions & par plusieurs Edits & Déclarations du Roi ; il n'en est pas moins qualifié de Substitut au Parlement de Paris dans les matiéres dans lesquelles il est subordonné à M. le Procureur Général, qu'il reconnoît sans difficulté pour son supérieur dans ces mâtiéres.

Ce qui a été décidé en votre faveur, à l'égard de la Cour des Comptes d'Aix, n'a pas d'application à ce qui regarde le Parlement ; le premier de ces Tribunaux n'a pas droit de recevoir l'appel des Jugemens des Bureaux des Finances, au lieu que le Parlement exerce vraiment son autorité sur les Sentences de ce Bureau, dans les cas qui sont sujets à l'appel ; ainsi le Parlement a plus davantage dans ces cas que la Cour des Comptes : & comme on ne peut pas douter que ce Tribunal ne soit alors vraiment supérieur à celui des Trésoriers de France, on en conclud, que dans les mêmes matiéres, les Procureurs Généraux sont aussi les supérieurs des Procureurs du Roi au Bureau des Finances qui font en cette partie la fonction de leurs Substituts.

La question, que vous agités, est donc susceptible d'une très-grande difficulté, & les principes généraux du droit commun peuvent être contraires à votre prétention.

A l'égard de l'usage du Parlement d'Aix, je n'en suis pas assez instruit pour pouvoir en parler, & j'en écrirai incessamment à M^{rs}. les Gens du Roi de ce Parlement ; mais il paroît assez difficile de croire qu'ils ayent voulu rien innover sur ce sujet, & qu'ils n'ayent pas suivi leur ancien stile dans l'Arrêt qui a été l'occasion de vos plaintes. Je suis, &c.

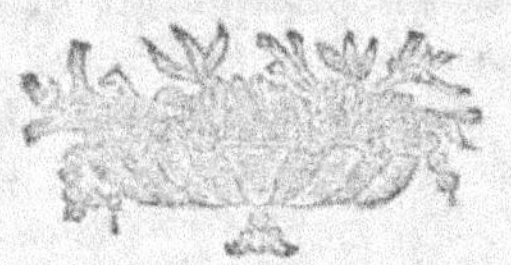

LETTRE

DE M. LE CHANCELLIER D'AGUESSEAU

A Messieurs les Tréforiers de France de Lisle, le 4. Mai 1738.

MESSIEURS,

J'AI reçû la Lettre que vous m'avez écrite le 22. du mois dernier, & par laquelle vous vous plaignés qu'une Déclaration du mois de Juin 1737. qui a été donnée en faveur des Receveurs Généraux des Finances ; & l'Ordonnance concernant les inftructions de faux, ne vous ont point été adreffées : il n'eft point d'ufage d'envoyer aux Bureaux des Finances les Ordonnances, Edits & Déclarations que le Roi juge à propos de faire : & l'enregiftrement qui s'en fait dans les Parlemens eft fuffifant pour les-en inftruire, & les obliger à s'y conformer. Ainfi, je ne vois rien à changer à l'ufage qui s'eft obfervé jufqu'à préfent fur ce fujet. Je fuis, &c.

AVERTISSEMENT

LES Arréts suivans confirment tout ce qui fut décidé à la fin de 1754. contre les Tréforiers de France de Montpellier.

On y voit : 1°. Que les Tréforiers de France de Paris, mandés par le Parlement, n'ont Voyez l'Arrêté de 1643. jamais refufé de lui obéir, qu'ils lui rendoient compte de leur conduite, & qu'ils ont toujours parlé de fes Arréts aux termes pleins de foumiffion & de refpect.

Arrêt de 1664. 2°. Que le Parlement leur enjoignoit d'executer fes Arréts, & d'en certifier la Cour à la huitaine.

Arrêt de 1682. 3°. Qu'ils qualifioient eux-mémes leurs Procureurs du Roi, de Subftituts du Procureur-Général.

4°. Qu'ils reconnoiffoient leur fubordination au Parlement en direction de Voirie. Prefque tous les Arréts contenus dans ce Recueil font rendus en cette matiére, non-feulement à la requéte du Procureur-Général, mais même fur les remontrances des Tréforiers.

RECUEIL

RECUEIL

D'ARRÉTÉS ET D'ARRÉTS

DU PARLEMENT DE PARIS,

Qui prouvent la subordination des Tré-
soriers de France, à ce Tribunal, no-
tament en direction de Voirie.

Du 16. Décembre 1637.

DU Mercredi 16. Décembre 1637. Ce jour les Gens du
Roi, parlant M. Hierome Bignon, Avocat dudit Seigneur, ont dit à la Cour, que deux Tréforiers de France en
la Généralité de Paris qui avoient été *mandés*, étoient au
Parquet des Huiffiers, font entrés les S^{rs}. Vallée & Horman,
Tréforiers de France, qui ont pris place & affis *au Banc du*
côté où fe met le Greffier (a), entre M. de Thelis & Scaron
Confeillers : M. le Préfident leur a dit, que la Cour les *avoit*
mandés (b) fur le fujet du Pavé de cette Ville ; que le Roi
avoit envoyé fes Lettres-Patentes, qui avoient été vérifiées,
portant que les netoyement des Boues & l'entretenement du
Pavé des rues feroit fait, ainfi que l'on faifoit avant l'année
1609. que police générale avoit été faite ; députés nommés
pour y avifer ; marché fait avec des Ouvriers pour le netoye-

---

(a) Place des Tréforiers au Banc du côté où fe met le Greffier du Parlement.
(b) Tréforiers mandés par le Parlement.

I

ment des Boues; & que pour le Pavé avoit été différé; parce que le Roi étoit tenu de faire paver en quelques endroits, le Prévôt des Marchands en d'autres ; & avant ladite année 1609. le Bourgeois n'étoit tenu que faire paver devant sa porte; que la Cour avoit desiré de sçavoir d'eux comment l'on avoit accoutumé d'en user. Lesdits Trésoriers, parlant ledit sieur Vallée, ont dit, qu'ils avoient fait exacte recherche pour sçavoir ce qui se faisoit avant ladite année 1609. ont trouvé que le Pavé a toujours été entretenu par l'ordre pris en leur Compagnie ; que le Roi faisoit paver la place du Louvre, le contour d'icelui, de la Galerie du Louvre ; la rue neuve Saint Honoré ; le Palais ; la Bastille, l'Arsénal, le haut pavé de la place Maubert, du Cimetiere Saint Jean, la Monoye, le haut pavé de toutes les Halles, fors excepté la rue de la Fromagerie, le haut pavé des Places publiques, les Banlieues & le Pont neuf : & au regard des grandes Croisées depuis la porte de Saint Martin jusques à celle de Saint Jacques, & depuis celle de Saint Honoré jusques à la porte Saint Antoine, & les Quais pour le haut pavé, les Prévôts des Marchands & Echevins en étoient & sont tenus, pour ce ont des Fermes, desquelles le revenu peut bien aller à dix-sept ou dix-huit mille livres de revenu, les Fermes étant baillées à leur juste valeur ; & de la part du Roi y a des Fermes qui sont à la direction des Trésoriers de France qui sont d'environ 2000. liv. par an : mais étant besoin d'un bien plus grand fonds pour rétablir les Chaussées en plusieurs endroits ruinés, quelques diligences qu'ils ayent pû & puissent faire, ils ne l'ont pû avoir, *supplioient la Cour y pourvoir, & qu'ils soient conservés à y donner l'ordre en leur Compagnie, comme ils ont accoutumé,* (a) & à quoi ils s'offrent de s'employer avec toute sorte d'attention : M. le Premier Président leur a dit, qu'ils eussent

---

(a) Les Trésoriers avoient recours au Parlement pour être conservés dans la direction de la Voirie ; ils reconnoissoient donc alors sa supériorité à cet égard.

à mettre leurs Mémoires, contenant les lieux qui ont été pavés aux dépens du Roi, & ceux à quoi sont obligés les Prévôts des Marchands & Echevins, entre les mains du Procureur Général, & que la Cour y adviseroit.

Du Mardi 22. Décembre 1637.

Ce jour, les Gens du Roi ont dit à la Cour, que les Prévôts des Marchands & Echevins étoient au Parquet des Huissiers : Sont entrés : M. le Per. Président leur a fait entendre ce qui s'étoit passé au dernier jour, lorsque les Trésoriers de France étoient venus au Parlement sur le sujet du Pavé de cette Ville. A quoi ledit Prévôt des Marchands a dit, qu'ils demeureroient d'accord que la Ville étoit avant l'année 1609. tenue de faire paver les endroits portés par ledit Mémoire ; mais que les affaires de la Ville n'étoient pas en pareil état, & qu'il n'y avoit aucun fonds ; au contraire que la Ville étoit beaucoup redevable.

Du Mercredi 3. Mars 1638.

Ce jour, la Cour ayant délibéré sur la proposition faite par M. le Premier Président au sujet du Pavé de cette Ville & Fauxbourgs, pour y pourvoir, par ce moyen facilliter le nettoyement des Boues ; a arrêté & ordonné qu'au premier jour, en présence de l'un des Présidens & quatre Conseillers, assemblée sera faite d'aucuns Notables de la Ville pour adviser aux moyens convénables & faciles pour donner ordre audit Pavé. (*a*)

Du 16. Février 1661.

Sur les remontrances faites à la Cour par les Trésoriers de France, qu'au préjudice de leur Ordonnance du 7. du présent mois de Février, (*b*) signifiée aux nommés Claude Jean, &

(*a*) Direction de Voirie par le Parlement.

[*b*] C'étoit au Parlement & non au Conseil que les Trésoriers croyoient alors qu'il falloit se pourvoir en direction de Voirie.

I ij

autre Jean Magdelin, Bouchers de cette Ville de Paris, par laquelle ils leur auroient fait défenses de construire aucuns Etaux de Boucherie dans le Cimetiere Saint Jean, lesdits Magdelin n'auroient délaissé de continuer lesdits Etaux en vertu d'un Edit du 24. Juillet 1659. vérifié par Arrêt du Grand Conseil, incompétent d'en connoître, même au préjudice de l'Arrêt de ladite Cour du 9. dudit mois de Février, portant défenses de construire lesdits Etaux, requéroient qu'il plût à la Cour y pourvoir par son autorité : Et vû la Requête à elle présentée par les Maîtres chefs, Maîtres & anciens Propriétaires des grandes Boucheries de la porte de Paris & du Cimetiere Saint Jean, qui sont les trois familles des Sainction, de la Dehors & Thibes, Ciprian-Pierre du Challart, Conseiller du Roi en ses Conseils, Gouverneur de la Tour de Cordouan, Propriétaire de plusieurs Etaux de Boucheries scis audit Cimetiere Saint Jean, à ce que lesdits Magdelin fussent assignés en ladite Cour pour voir dire que lesdits Etaux qu'ils auroient fait construire seroient démolis & ôtés, & la peine de 500. liv. portée par ledit Arrêt du 9. Février, déclarée encourue contre chacun d'eux, au payement de laquelle ils seroient contrains par toutes voyes, même par emprisonnement de leurs personnes, & que défenses leur fussent faites de plus user de telles voyes, que celles par eux exercées, & condamnés en tous les dépens, dommages & intérêts des Supplians ; & que cependant ledit Arrêt du 9. du présent mois seroit exécuté selon sa forme & teneur, réitérer les défenses y contenues ; & en cas de contravention permis d'emprisonner les Contrevenans, & que ce qui auroit été construit ausdits Etaux depuis & au préjudice de la signification desdites défenses seroit ôté, rompu & démoli, à ce faire lesdits Magdelin contrains; & enjoindre à tous Officiers de Justice de tenir la main à l'exécution de l'Arrêt qui interviendroit, ladite Requête signée des Supplians & de Guyot leur Procureur : Conclusions du Procureur Général du Roi, deux autres Requêtes, l'une présentée par Philippe Gervais, Conseiller & ancien Echevin de cette Ville.

Ladite Cour a ordonné & ordonne commiſſion être délivrée aux Supplians pour faire aſſigner en icelle qui bon leur ſemblera aux fins deſdites Requêtes, & ſera ledit Arrêt du 9. du préſent mois de Février exécuté : a réitéré les défenſes portées par icelui, & déclaré la peine de 500. liv. indicte par ledit Arrêt encourue à l'encontre des Contrevenans, au payement de laquelle ils ſeront contrains par toutes voyes dûes & raiſonnables ; & cependant ſeront leſdits Etaux conſtruits audit Cimetiere Saint Jean depuis & au préjudice dudit Arrêt, ôtés & démolis, & à cet effet *enjoint* (a) auſdits Tréſoriers de France & tous Officiers de tenir la main à l'exécution du préſent Arrêt.

Du 16. Février 1661.

Ce jour la Cour ayant délibéré ſur les remontrances faites le 12. du préſent mois, *par les Tréſoriers de France*, en la Généralité d'Outre-Seine & Yonne, établis à Paris, & Voyers Particuliers de ladite Ville, Prévôté & Vicomté, de ce que au préjudice des Edits vérifiés en ladite Cour, par leſquels la Voirie particulière de ladite Ville leur a été donnée : le nommé de Savis, Fermier du Domaine de ladite Ville, en vertu *d'un Arrêt du Conſeil du 3. du préſent mois*, (b) le nommé de Savis les trouble dans la jouiſſance de ladite Voirie & perceptions des droits d'icelle ; & plainte par eux faite *des exactions, concuſſions & malverſations qui ſe font par le Fermier dudit Domaine, ſes Commis & Prépoſés*, ainſi qu'il eſt plus au long contenu au Regiſtre dudit mois. Oui les Gens du Roi en leurs concluſions, a ordonné & ordonne que l'Arrêt d'icelle du 19. Janvier dernier ſera exécuté, & ſuivant icelui que les Tréſoriers de France jouiront par proviſion de la . . . .

(a) Les Tréſoriers ne conteſtoient pas alors au Parlement le droit de leur faire des injonctions.

(b) Les Tréſoriers de France troublés dans la jouiſſance de la Voirie par un Arrêt du Conſeil ont recours à l'autorité du Parlement.

de ladite Voirie ; fait défenses à toutes perſonnes de les y troubler & de tenir aucuns Bureaux pour raiſon de ce ; & que
d'office à la requête du Procureur Général du Roi , il ſera
informé deſdites exactions, concuſſions & malverſations com-
miſes par ledit Fermier du Domaine , ſes Commis & Prépoſés,
par MM. Doujat & Claude Menardeau Conſeillers , pour
l'information faite & rapportée , & communiquée au Procureur Général être ordonné ce qu'il appartiendra : cependant ,
fait défenſes audit Fermier , ſes Commis & Prépoſés de per-
cevoir aucuns autres & plus grands droits que ceux portés
par les anciens Tariſs , leſquels feront mis dans les Bureaux ;
à cette fin ſe transporteront leſdits Conſeillers commis dans
leſdits Bureaux avec l'un des Subſtituts dudit Procureur Général ; & en cas de contravention permet empriſonner les
Contrevenans : ordonne que le préſent Arrêt ſera publié &
affiché eſdits Bureaux , & par tout où beſoin ſera.

Du 17. Mai 1661.

Ce jour , ſur ce qui a été remontré par les Gens du Roi ,
M. Denis Talon , Avocat dudit Seigneur , portant la parole ,
qu'au préjudice des Arrêts de la Cour des 19. Janvier & 16.
Février derniers , par leſquels a été ordonné que les Tréſoriers
de France , Grands Voyers en la Généralité d'Outre-Seine &
Yonne, établis à Paris , & Voyers Particuliers de ladite Ville,
Prévôté & Vicomté jouiront par proviſion de la fonction de
la Voirie , avec défenſes à toutes perſonnes de les y troubler ,
& de tenir aucuns Bureaux pour raiſon de ce : le nommé de
Saines , ſoi-diſant Fermier du Domaine de cette Ville , a obtenu le 5. du préſent mois un Arrêt ſur Requête au Conſeil
Privé du Roi , portant que ledit de Saines jouira deſdits droits
de Voirie à commencer du premier Avril dernier : ce faiſant ,
que ceux qui ont fait la recette compteront , dans quinzaine ,
de ce qu'ils ont reçu pardevant le ſieur Marin Intendant des
Finances , autrement qu'ils y ſeront contrains comme pour

deniers Royaux, avec défenses à toutes autres perſonnes de s'immiſcer à l'avenir en la poſſeſſion deſdits droits de Voirie, ce qui eſt un attentat à l'autorité de la Cour ; requérant y être pourvû. Eux retirés, la matiére miſe en délibération, ladite Cour a ordonné & ordonne que très-humbles remontrances ſeront faites au Roi ſur la conſéquence de cet Arrêt du Conſeil : Cependant, ſeront leſdits Arrêts d'icelle des 19. Janvier & 16. Février exécutés. Fait itératives défenſes à toutes perſonnes d'y contrevenir & de troubler leſdits Tréſoriers de France en la jouiſſance de ladite Voirie juſqu'à ce que en ait été autrement ordonné par ladite Cour, à peine de tous dépens, dommages & intérêts ; ordonne que le préſent Arrêt ſera lû, publié & affiché par tout où beſoin ſera.

Du 2. Juillet 1664.

Ce jour, ſont entrés les Gens du Roi, M. Denis Talon, Avocat dudit Seigneur Roi, portant la parole a dit à la Cour, que MM. Varroquier & Belin, Tréſoriers de France au Bureau des Finances de la Généralité de Paris, étoient au Parquet des Huiſſiers de ladite Cour, ont été fait entrer, & s'étant aſſis au Bureau proche M. François Lottin, Conſeiller du Roi en icelle, & couverts, M. le Premier Préſident leur a dit, que la Cour les avoit mandés pour ſçavoir d'eux en vertu de quoi des Particuliers faiſoient bâtir ſur une place qui étoit entre la Porte de Montmartre & la Porte de Saint Denis, laquelle étoit prétendue par le Prévôt des Marchands & Echevins de cette Ville, ladite Place étant au lieu des Foſſés d'icelle, ledit Varroquier a répondu, que quelques Particuliers, ſous le nom de Madame la Ducheſſe d'Orléans, ayant obtenu un Brévet du Roi, portant don de ladite Place comme vaine & vague, ils l'auroient préſenté audit Bureau des Tréſoriers de France, & qu'enſuite ils avoient entrepris de bâtir ; & que ſur la plainte des Prévôt des Marchands & Echevins de cette Ville, ils avoient ordonné que les Particuliers apporteroient leurs titres en vertu desquels ils prétendroient avoir droit de bâtir sur la Place ; & s'étant retirés : Ouïs lesdits Gens du Roi en leurs conclusions, la matiére mise en délibération, ladite Cour a ordonné & ordonne qu'à la requête du Procureur Général du Roi, lesdits Particuliers seront assignés en icelle pour apporter les titres & pouvoirs en vertu desquels ils prétendent avoir droit de bâtir sur ladite Place : Cependant, leur fait inhibitions & défenses, & à tous autres, de continuer lesdits Bâtimens, à peine de 2000. liv. d'amende ; & en cas de contravention permis emprisonner les Contrevenans : *(a) enjoint aux Trésoriers de France*, & aux Prévôt des Marchands & Echevins de cette Ville, de tenir la main, chacun en droit soi, à l'exécution du présent Arrêt, *& d'en certifier* la Cour à la huitaine.

Du Vendredi 10. Décembre 1666. du matin.

Ce jour, sont entrés les Gens du Roi, & M. Denis Talon, Avocat dudit Seigneur Roi, portant la parole, ont dit à la Cour, que MM. . . . . de Paris . . . . . . Belin . . . . . . de Beauchamp, Trésoriers de France en la Généralité de Paris, mandés par ladite Cour, étoient au Parquet des Huissiers ; ont été faits entrer tous les trois, ayant pris place au Banc du Bureau proche M. Nicolas Boujault, Conseiller en icelle, *(b)* ils ont dit, ledit de Paris portant la parole, qu'en qualité de Grands Voyers en exécution des Arrêts du Conseil & des Ordonnances de leur Bureau, ils auroient travaillé à restraindre les Voiries dans les termes des anciennes Ordonnances & Réglemens, pour cet effet auroient travaillé à la reforme des Hauts-vents & autres entreprises sur la voye publique, & des

---

(a) Injonction aux Trésoriers de certifier la Cour de l'exécution de l'Arrêt.

(b) Les Trésoriers demandent au Parlement la levée des défenses faites à l'exécution de quelques Ordonnances rendues en direction de Voirie : ils n'avoient pas encore imaginé l'appel au Conseil.

Echopes

Echopes du Palais & Boutiques, & Echopes des Lingeres, des Halles, & même procédé par force sur quelques Habitans du Fauxbourg Saint Antoine, pour contribuer aux frais de l'acquisition qu'ils convenoient faire d'une quantité de terre pour y conduire un Egout, servant de décharge aux eaux des rues de la Planchette & autres adjacentes; mais quelque Particuliers avoient obtenu des Arrêts de défenses d'exécuter leur Ordonnance, ce qui étoit un obstacle au bien public. Sur ce les Gens du Roi ouis en leurs conclusions, la Cour à l'égard des Echopes, à l'égard des Halles, a ordonné que les piéces seroient mises ès mains du Procureur Général du Roi; & à l'égard des Echopes de la cour du Palais, a levé les défenses d'exécuter les Ordonnances desdits Trésoriers de France, & pour cet effet donné l'Arrêt qui en suit : Ce jour sur ce qui a été représenté à la Cour en présence des Gens du Roi par MM.... de Paris... Belin & ... de Beauchamp, Trésoriers de France en la Généralité d'Outre-Seine & d'Yonne, établis à Paris, mandés au sujet de la Police générale qu'ils faisoient en la Voirie, qu'ayant été rendue en leur Bureau une Ordonnance du 11. Septembre 1665. portant injonction au nommé Legras, soi-disant Propriétaire des Echopes placées sous la porte du Palais, qui regarde la rue de la Calandre, de rapporter au Bureau les titres & quittances de Finances, pour icelles être liquidées, & ensuite pourvû à son remboursement qu'offroit la veuve Fleurette de faire, demeurant sous ladite Porte, aux soûmissions de laisser au public l'emplacement desdites Echopes : ledit Legras auroit obtenu Arrêt en ladite Cour le 27. Octobre 1665. portant défenses d'exécuter ladite Ordonnance, comme rendue par Juges incompétens. Ouis sur ce les Gens du Roi en leurs conclusions, qui ont requis d'être reçûs opposans à l'exécution desdits Arrêts, & la levée desdites défenses, la matiére mise en délibération.

Ladite Cour a reçû & reçoit le Procureur Général du Roi opposant à l'exécution dudit Arrêt du 27. Octobre 1665. &

K

faifant droit fur ladite oppofition, a levé les défenfes portées par icelui.

Du 5. Janvier 1667.

M. le Premier Président, &c.

Ce jour, après que les Tréforiers de France, les Officiers du Châtelet & ceux du Tréfor, mandés en la Cour fur le fujet du Procès (*a*) commencé au Châtelet au nommé Hobe, Voyer du Roi, établi par les Tréforiers de France, pour concuffions par lui commifes en la perception des droits de la Voirie, dont l'inftruction avoit été fufpendue par Arrêt rendu en la Chambre des Vacations par le conflict de Jurif-rifdiction entre eux, ont été ouis, & que les Officiers du Tréfor ont foûtenu que l'inftruction & le Jugement de ce Procès leur appartenoit comme dépendance de la Voirie, & que le Lieutenant Criminel du Châtelet a dit, que les plaintes faites des concuffions de Hobe lui ayant été portées, il avoit cru qu'il étoit de fon foin & de fon devoir d'en informer; que la prétention des Officiers du Tréfor lui étoit nouvelle, & qu'il fe rapportoit à la Cour d'y prononcer, ainfi qu'elle jugeroit bon être. Oui le Procureur Général du Roi en fes conclufions, la Cour a renvoyé & renvoye les charges & informations faites au Châtelet pardevant les Officiers du Tréfor, pour être par eux le Procès fait & parfait au nommé Hobe, fuivant les derniers erremens, & que fera tenu de s'y préfenter à toute affignation, en état d'ajournement perfonnel; & à cet effet a levé les défenfes portées par l'Arrêt rendu en la Chambre des Vacations.

(*a*) Procès renvoyé par le Parlement aux Officiers du Tréfor.

Du Mardi 22. *Août* 1673. *du matin.*

Ce jour, les Gens du Roi sont entrés, & ont dit, M. Denis Talon Avocat dudit Seigneur Roi, portant la parole, que MM. Varroquier &..... Petit, Tréforiers de France en la Généralité de Paris, ayant été mandés par la Cour, étoient au Parquet des Huifliers: (*a*) aufli-tôt ils sont venus, & ayant pris place au Bureau en la maniére accoutumée, M. le Premier Préfident leur a dit, que la Cour les avoit mandés pour leur dire, qu'elle trouvoit fort étrange qu'ayant par son Arrêt du .... ordonné une levée d'une somme modique sur les Habitans de Melun pour le nettoyement de cette Ville, & empêcher le progrès d'une efpéce de maladie contagieufe dont elle eft affligée, les Tréforiers de France euffent rendu une Ordonnance, portant défenfes de faire aucune levée de deniers, fi ce n'étoit en vertu des Lettres-Patentes du Roi, apportées en leur Bureau, que c'étoit une grande entreprife fur l'autorité de la Cour à laquelle appartenoit la Police fouveraine de fon Reffort; que comme le Roi y avoit pourvû, ayant caffé leur Ordonnance & ordonné l'exécution de l'Arrêt du Parlement, il n'étoit plus queftion d'y prononcer, mais que la Cour n'étoit pas fatisfaite de ce procédé. *M. Varroquier a répondu, que fes Confreres & lui avoient grand regret d'avoir fait quelque chofe qui pût déplaire à la Cour, qu'ils n'avoient jamais manqué & ne manqueroient jamais d'obéir à fes Arrêts:* (*b*) qu'en cette occafion ils n'avoient pas fçû qu'il y eut Arrêt, que feulement ils avoient appris qu'il fe faifoit une levée de deniers en la Ville de Melun fans Lettres-Patentes du Roi apportées en leur Bureau; qu'ils avoient crû être obligés de l'empêcher,

---

(*a*) Les Tréforiers mandés par le Parlement s'excufent en termes de foumiffion & de refpect.

(*b*) Les Tréforiers de Beziers mandés au Parlement de Touloufe tinrent à-peuprès le même langage.

conformément aux Ordonnances du Royaume qui leur don-
noient ce pouvoir, M. le Premier Président leur a reparti, que
l'excuse qu'ils alléguoient de n'avoir pas sçû qu'il y eût un
Arrêt de la Cour étoit sans apparance, puisqu'y ayant un
Trésorier de France à Melun, il les en avoit vraisemblable-
ment avertis, que pour ce qu'ils disoient qu'ils étoient fondés
en Ordonnance d'empêcher les levées des deniers qui étoient
faites sans Lettres-Patentes vérifiées, cela n'étoit point véritable,
quand ces levées étoient faites en matiére de Police & par Arrêt
de la Cour : *Lesdits Varroquier & Petit ont de rechef protesté qu'ils*
n'avoient rien sçû de l'Arrêt, & qu'ils ne se départiroient jamais
du respect qu'ils doivent aux Arrêts & Réglemens de la Cour, &
se sont retirés ; & après avoir oui les Gens du Roi en leurs
conclusions, eux pareillement retirés, la matiére mise en délibération, a été arrêté qu'il sera fait Registre de ce que dessus.

Du 5. Décembre 1680.

Ce jour, François Varroquier, Chevalier, & M. Jean
Auget de Boissy, Conseillers du Roi, Présidens Trésoriers
de France au Bureau des Finances en la Généralité de Paris,
ayant été mandés en la Cour, ont pris leurs places au Bureau
entre MM. Genoud & Bandouin Conseillers, & après que
M. le Premier Président leur a dit, que la Cour desiroit sçavoir leur sentiment touchant la clôture d'une ruette appellée
de Paradis ou Coupe-gorge au Fauxbourg Saint Jacques, &
sur les Lettres-Patentes obtenues à cet effet par les Religieuses
Ursulines & Feuillantines dudit Fauxbourg, le 10. Décembre
1680. lesdits Trésoriers de France ont dit, ledit de Varroquier portant la parole, que lesdites Lettres avoient été obtenues sur la descente qu'ils avoient faite sur les lieux, par laquelle ils avoient trouvé ladite clôture utile au public, comme ils la jugeroient encore, & se sont retirés.

Du Mercredi 17. *Juin* 1682. *du matin.*

M. le Premier Président, &c.

Ce jour, les Sieurs Michel Fremin & Jean Auguel de Boissy, Trésoriers de France en la Généralité de Paris, sont venus en la Cour, suivant l'Arrêt du 14. de ce mois, portant qu'ils seroient avertis de s'y trouver ; & cependant défenses d'exécuter une Ordonnance par eux donnée au sujet de la clôture d'une Place sise hors la Porte de Richelieu, appartenante aux Sieurs Croiset & Rossignol, Conseillers en la Cour ; & ayant pris place au Bureau entre MM. Perrot & Meunier Conseillers, en la maniére accoutumée, M. le Premier Président leur a dit le sujet sur lequel la Cour auroit désiré les entendre, & qu'elle avoit été surprise, qu'au préjudice d'un allignement donné par l'un de leurs Confreres, le Bureau avoit fait défenses de l'exécuter, & fait assigner les Propriétaires pour prendre un autre allignement : lesdits Trésoriers de France ont dit, le Sieur Fremin portant la parole, que le Bureau avoit été en droit de faire défenses d'exécuter l'allignement pris du Sieur de Sanuiere, d'autant qu'il étoit... tant à raison du titre en vertu duquel il avoit été donné, qui n'est qu'une commission pour avoir inspection sur le Domaine, qui ne lui donne aucune Jurisdiction à cet égard, laquelle appartient aux Trésoriers de France seuls, & en la forme, parce que l'allignement avoit été donné par ledit S^r. Sanuiere sans le consentement du Substitut du Procureur Général du Roi audit Bureau, & sans que les voisins eussent été appellés, ainsi qu'il se pratique, & qu'il est ordonné par les Arrêts de la Cour. La matiére mise en délibération, la Cour ordonne que lesdits Sieurs Croiset & Rossignol se retireront pardevers lesdits Trésoriers pour leur être allignement donné en la forme ordinaire.

Direction
de Voirie.

Du 29. Avril 1697.

Ce jour, M. le Premier Président a dit à la Compagnie, qu'il lui avoit été apporté un Imprimé intitulé : Ordonnance du Roi & des Tréforiers de France en la Généralité de Paris, portant réglement pour les Pas de pierres, Seuils, Marches, Portes avancées de maifon, & autres chofes concernant la Voirie & Police, du premier Avril dernier ; qu'il avoit été furpris que n'y ayant que le Roi qui pût faire des Réglemens généraux, ou la Cour de fon autorité, (a) & encore pour des cas urgens & néceffaires ; celle-ci fut intitulée Ordonnance du Roi, quoiqu'il eut appris qu'elle avoit été faite fans fes ordres, & que la Cour n'en eut pas même eu connoiffance; qu'au fond c'étoit une compilation d'anciennes Ordonnances & Réglemens, avec une fi grande amende, qu'encore que l'on dût être bien perfuadé que lefdits Tréforiers de France en uferoient avec difcrétion, néanmoins comme l'exécution s'en commettoit aux Commis, il avoit eftimé à propos d'en rendre compte à la Cour, pour pourvoir aux inconvéniens qui pourroient naître de l'exécution de cette Ordonnance dont il avoit reçû beaucoup de plaintes ; fur quoi il a été ordonné que ladite Ordonnance feroit communiquée aux Gens du Roi, pour y prendre telles conclufions qu'ils jugeront à propos ; & à l'inftant les Gens du Roi mandés, ladite Ordonnance leur a été mife entre les mains, & ils ont dit qu'ils en viendroient inceffament rendre compte à la Cour, & ils fe font retirés.

Du 30. Avril 1697.

Sur le mê-
me fujet. Ce jour, les Gens du Roi font entrés, & ont dit, M. François de Lamoignon, Avocat dudit Seigneur Roi, portant la parole, ont dit, que fuivant l'ordre de la Cour ils ont examiné

(a) Les Tréforiers incompétens pour faire des Réglemens généraux.

le papier imprimé qui leur avoit été mis entre les mains, intitulé : Ordonnance du Roi & des Tréforiers de France, portant réglement pour le Pas de pierre, Seuils, &c. que cette prétendue Ordonnance en fa forme étoit donnée par les Tréforiers de France qui n'étoient pas compétens de faire de femblables Réglemens généraux, & moins encore de les faire publier, fans que la Cour en eut connoiffance, qu'au fond c'étoit un affemblage de tout ce qui avoit jamais été prononcé d'amendes au fujet de la Voirie ; que fi cette prétendue Ordonnance étoit exécutée, on pouvoit dire que cette Ville étoit mife en contribution, & que c'étoit une occafion aux Commis de la Voirie de faire une infinité de véxations ; d'ailleurs qu'ils ont remarqué que les Tréforiers de France prononçoient fur une infinité de faits qui étoient notoirement de la compétence des Officiers de Police, du Châtelet & du Prévôt des Marchands & Echevins de cette Ville, & qu'ainfi ils eftimoient qu'il y avoit lieu d'ordonner que cette prétendue Ordonnance feroit communiquée au Lieutenant de Police & aux Prévôt des Marchands & Echevins de cette Ville, pour dire ce qu'ils aviferont ; & cependant qu'il plût à la Cour de faire défenfes de l'exécuter, & il a été ordonné que les Tréforiers de France feroient mandés en la maniére accoutumée, pour après avoir été ouis, être ordonné par la Cour ce qu'il appartiendra.

Du Vendredi 3. Mai 1697. du matin.

M LE PREMIER PRÉSIDENT, &c.

Ce jour, les Sieurs Rabouin & de Megrigny, Tréforiers de France en la Généralité de Paris, mandés en préfence des Gens du Roi, après qu'ils ont eu pris place au bout du Banc du côté du Bureau en la maniére accoutumée, M. le Premier Préfident leur a dit, que la Cour avant que de faire droit fur les conclufions des Gens du Roi au fujet d'une prétendue Ordonnance du Bureau, du premier Avril dernier, portant réglement pour les Pas de pierre, Seuils, &c. les avoit mandés pour entendre les raisons qu'ils pouvoient avoir eu de la rendre, que la Cour avoit été surprise qu'une telle Ordonnance fut qualifiée Ordonnance du Roi sans que Sa Majesté eut donné ordre de la faire, & que la Cour en eut connoissance ; que la Cour étoit bien persuadée qu'il n'y avoit rien à craindre de leur conduite & de leur discrétion, mais comme l'exécution de ces Ordonnances étoit entre les mains de Commis à l'exercice de la Voirie, que l'on sçavoit bien être fort appliqués à la recherche de leurs droits, & les lever avec beaucoup de rigueur, ils pourroient bien abuser d'un pouvoir aussi étendu que celui qui leur est donné par cette Ordonnance : le Sieur de Rabouin a dit, que leur Compagnie étoit bien obligée à la Cour de l'honneur qu'elle lui faisoit, qu'ils n'avoient pas eu dessein de rien faire de nouveau par cette Ordonnance, mais seulement de renouveller celles qu'ils ont fait publier de tems en tems sur le fait de la Voirie, qu'ils ne croyoient pas que la Cour ait reçû de plainte, n'y ayant encore été donné aucune assignation, fait aucune exécution, que s'il y avoit eu quelques plaintes elles se trouveroient suscitées par les Officiers du Châtelet, qui étoient fort attentifs à entreprendre sur la fonction du Bureau contre les Edits du Roi & les Arrêts de la Cour.

M. le Premier Président leur a dit, que la Cour en délibéreroit incessament, & qu'ils pouvoient assurer leur Compagnie qu'elle auroit toûjours beaucoup de considération pour leurs Charges & pour leurs Personnes, & ils se sont retirés.

Après quoi les Gens du Roi ont persisté dans leurs conclusions prises le 3. Avril dernier, & ils se sont retirés ; & la matiére mise en délibération, l'Arrêt qui suit a été donné. (a)

(a) Arrêt qui fait défenses d'exécuter un Réglement fait par les Trésoriers.

Du 3.

Du 3. Mai 1697.

Ce jour, la Cour, ouis lesdits Tréforiers de France pour ce mandés , enfemble les Gens du Roi en leurs conclufions , la matiére mife en délibération , a fait défenfes d'exécuter ladite Ordonnance , & de prononcer & exécuter en conféquence aucunes condamnations d'amende , fans préjudice aufdits Tréforiers de France de faire publier & afficher en cette Ville & Fauxbourgs de Paris de tems en tems , & lorfqu'il fera même néceffaire des extraits des Edits faits fur le fait de la Voirie , pour avertir feulement des peines qui y font portées pour les contraventions qui pourroient y être faites ; de prendre connoiffance de tous les faits qui leur font attribués par les Edits & Réglemens faits au fujet de la Voirie , & de prononcer telles condamnations d'amendes qu'ils eftimeront juftes pour les contraventions particuliéres qui y feront faites ; & auffi fans préjudice au Lieutenant de Police de pourvoir au nettoyement de la Ville , fuivant l'Arrêt de la Cour du mois d'Avril 1663. & l'Edit du Roi du mois de Décembre 1666. & connoître des cas qui leur font attribués par les Edits & Réglemens concernant, ainfi que jufqu'à préfent, les uns & les autres ont bien & dûement joui ou dû jouir.

Forme de l'enregiftrement fait par le Parlement de Paris de l'Edit du mois de Mars 1693. portant union de la Jurifdiction de la Chambre du Tréfor au Corps des Tréforiers de France de la Généralité de Paris.

Regiftré , oui & ce requérant le Procureur Général du Roi , pour être exécuté felon fa forme & teneur , & copie collationnée envoyée au Bureau des Tréforiers de France de la Généralité de Paris , pour y être lûe , publiée & enregiftrée. Enjoint à *mon* Subftitut audit Bureau d'y tenir la main , & d'en certifier la Cour dans la huitaine , fuivant l'Arrêt de ce jour. A Paris en Parlement le 1er. Avril 1693. *figné* , D U T I L L E T.

L

N°. II. *Forme de l'enregiſtrement fait par le Parlement de Paris de la Déclaration du Roi, portant réglement pour les fonctions & droits des Officiers de la Voirie, du 16. Juin 1693.*

Regiſtrées, oui & ce requérant le Procureur Général du Roi, pour être exécutées ſelon leur forme & teneur, & copie collationnée envoyée au Bureau des Tréſoriers de France de la Généralité de Paris, pour y être lûe, publiée & enregiſtrée. Enjoint aux Subſtituts dudit Procureur Général d'y tenir la main, & d'en certifier la Cour dans huitaine, ſuivant l'Arrêt de ce jour. A Paris en Parlement le 25. Juin 1693. *ſigné,* DU TILLET.

ÉDIT DU ROI,

Qui attribue aux Tréforiers la Jurifdiction contentieufe du Domaine. *

Du mois de Septembre 1627.   N°. III.

LOUIS, par la grace de Dieu, Roi de France & de Navarre ; à tous préfens & à venir, falut. Parmi les troubles qu'aucuns de nos Sujets de la Religion Prétendue Reformée excitent en cet État ; nous fommes obligés de dreffer diverfes armées, & par Mer & par Terre, tant pour réprimer leur défobéiffance, & les ranger en leur Devoir, que pour repouffer les injuftes aggreffions des Princes Étrangers, qu'ils ont appellés à leur fecours, & qui font venus, contre tout Droit des Gens, & contre le refpect de l'Alliance & ancienne confédération, faire defcente en nos Terres, avec nombre de gens de Guerre, & autorifer, par leurs Armes, la perfidie de la Rébellion d'aucuns de nofdits Sujets de ladite Religion Prétendue Reformée : Et d'autant que le fonds ordinaire de nos Recettes, confommé ès années précédentes, pour maintenir cet État en répos, & affifter nos Alliés opprimés, ne fuffit pas pour foûtenir les Dépenfes exceffives, aufquelles ces nouveaux mouvemens Nous engagent, Nous fommes néceffités de recourir à des moyens extraordinaires, pour être fecourus d'une notable fomme de Deniers, & fubvenir aux fraix immenfes que Nous devons fupporter pendant le cours de la Guerre préfente : En quoi Nous mettons peine (fur l'ouverture de divers moyens qui nous font propofés) d'embraffer toûjours ceux qui peuvent le moins incommoder nos

* D'Efcorbiac n'avoit pas confulté les Regiftres du Parlement, avant que de rapporter cet Édit.

L ij

Sujets, & aimons mieux (dans l'exécution de ces nouveaux établiffemens) fupporter une notable diminution & perte fur nos Finances, qu'en rejetter l'incommodité fur nos Peuples, que Nous apprenons (avec regret) fe reffentir encore grandement de la défolation des Guerres dernières. Et parmi plufieurs Propofitions qui Nous ont été faites, pour le regard de notre Province de Languedoc, celle de la création de quatre Tréforiers-Généraux, & autres Officiers ès Bureaux des Généralités de Touloufe & Beziers, avec attribution de la Jurifdiction contentieufe fur le fait de notre Domaine, Voirie & autres Droits attribués aux Officiers des autres Bureaux de ce Royaume, Nous a femblé la moins préjudiciable ; d'autant plus que dans cette nouvelle création, Nous avons fujet d'efpérer que nos Droits Domaniaux feront plus religieufement confervés, & les ufurpations faites fur Nous, plus exactement recherchées qu'elles n'ont été par ci – devant ; outre que nos Sujets auffi en recevront beaucoup de foulagement, pour n'être pas obligés de recourir à divers Juges pour un même fait : Ayant reconnu, par le paffé, que la connoiffance qui avoit été attribuée, par l'Edit de Cremieu, à nos Sénéchaux, Baillifs, en ladite Province, des différends & Procès mûs pour raifon de notre Domaine, a fait grandement dépérir nos Droits parce que les Officiers defdites Sénéchauffées n'étoient pas faifis des Titres & Documens néceffaires, dont la plûpart font aux Archives defdites Généralités, & fous la direction defdits Tréforiers-Généraux, ni n'avoient connoiffance quelconque de la Recette & Dépenfe annuelle, que nos Officiers fur le lieu en faifoient, comme le tout dépendant de l'autorité & Charge defdits Tréforiers-Généraux de France, par-devant lefquels feulement les Comptables étoient obligés de faire état ; d'où naiffoit encore cet autre inconvénient, que l'ordination & difpenfation des Deniers de notredit Domaine & Finances, appartenant aufdits Tréforiers, la connoiffance des conteftations & différends qui furvenoient pour raifon de ce, appartenant d'ailleurs à nofdits Sénéchaux

& Baillifs, les Comptables étoient diftraits en diverfes Jurifdictions pour même chofe, & fouventes fois conftitués en de
grandes dépenfes & vexations, à raifon de ce que les Ordi-
nateurs, leur enjoignant de remettre quelque partie de leurs
Recettes en nos Coffres, & lefdits Sénéchaux les adjugeant à
autres, ils étoient expofés à diverfes contraintes, & néceffités de fupporter beaucoup d'incommodités, ne fçachant à
quel des deux obéir. Pour à quoi remédier, & empêcher que
nos Droits de Domaine ne fe perdent & ruinent entiérement,
par la fraude des ufurpateurs, & à faute de Juges qui ayent
un foin particulier de les découvrir & rechercher ; fçavoir
faifons, qu'après avoir mis cette affaire en Délibération en
notre Confeil, où étoient la Reine, notre très-honorée Dame
& Mère, notre très-amé Frère unique, le Duc d'Orléans,
aucuns Princes & Seigneurs de notre Royaume, & autres
notables Perfonnages de notre Confeil. De l'avis d'icelui, &
de notre certaine fcience, pleine puiffance & autorité Royale ;
par notre Édit perpétuel & irrévocable, avons révoqué &
révoquons led. Édit du mois de Juin de 1526. & autres, qui
ont attribué ou confirmé la connoiffance de notre Domaine
aufdits Juges, & conformément à celui de Février 1543.
portant création de notre Chambre du Tréfor à Paris, &
attribution aux Confeillers d'icelle, & aux Préfidens, &
Tréforiers-Généraux de France, de connoître, privativement
à tous autres Juges, du fait de notredit Domaine, & chofes
qui en dépendent ; avons attribué & attribuons à nofdits
Préfidens & Tréforiers - Généraux de France, aux Bureaux
établis ès Généralités de Touloufe & Befiers, pareil pouvoir,
Jurifdiction & connoiffance, que celle attribuée à notre
Chambre du Tréfor à Paris, par le fufd. Édit de l'année 1543.
Voulons, à cet effet, que chacun defdits Bureaux, au-dedans
des fins & limites de leurs Généralités, jugent, connoiffent
& décident en première inftance, & privativement à nofdits
Baillifs, Sénéchaux, Prévôts, leurs Lieutenans, & autres
Juges, de tous Procès & différends qui fe pourroient mouvoir

& intenter, pour raifon de notredit Domaine, Cens, Sur-Cens, Rentes, Juftices, Albergues, Inféodations & autres Droits, circonftances & dépendances d'icelui, comme de toutes Matières d'Aubaine, Épaves, Bâtardifes, Deshérences, Fiefs, nouveaux Acquets, Amortiffemens & Confifcations, Terres vaines & vagues, & autres Droits de Biens vacquants, fait de Voirie & autres, où nos Procureurs de nofdits Bureaux créés par notre préfent Édit, pourroient avoir quelque intérêt ; enfemble des Dîmes Inféodées, mouvans en Foi & Hommage de Nous, des Hommages des Vaffaux, pour raifon des Fiefs & Hommages tenus & mouvans d'iceux, & la reception des Foi & Hommage de tous les Fiefs dépendans de notre Domaine, & par Main Souveraine quand elle échoit ; enfemble de toutes les entreprifes & ufurpations qui ont été faites, & fe feront fur notredit Domaine ; foit que notredit Procureur y foit Partie, ou entre Particuliers & Fermiers, avec connoiffance des crimes, procédans & dépendans defdites Matières ; enjoignons à nofdits Baillifs, Sénéchaux, Prévôts & Vicomtes, ou leurs Lieutenans, chacun dans le Reffort de leurs Bailliages, Sénéchauffées & Prévôtés, de procéder par prévention, ou faire procéder, pour la confervation de nos Droits, à la Requête de nofdits Procureurs efdits Bailliages, Prévôtés ou Vicomtés, à l'inftant que lefdits Juges en feront requis par eux, par voies de Saifies, Scellés & Mains-mifes, ou autres voies, fur les Biens des Étrangers, Bâtards, & autres Biens vacquants qui Nous appartiennent, ou qui Nous feront adjugés par Décret, Confifcation ou autrement : & envoyés, dans trois jours, au Greffe du Bureau de nofdits Préfidens & Tréforiers-Généraux de France, du Reffort de nofdits Bailliages, Prévôtés & Vicomtés, lefdits Exploits de Saifie, Actes, Scellés & Main-mifes, pour en faire, par nofdits Préfidens & Tréforiers-Généraux, les pourfuites & diligences ainfi qu'ils verront être à faire. Et où nofdits Baillifs, Sénéchaux, Prévôts & Vicomtes, ou leurs Lieutenans, feront refufans ou dilayans de procéder aufdits Exploits de

Saifies , Scellés & Main - mifes : Enjoignons à chacun des
Receveurs de notre Domaine, établis efdits Lieux , d'en avertir
en toute diligence notre Procureur du Bureau de leur Généra-
lité , pour requérir ce qui fera de la confervation de nos
Droits , & y être pourvu par lefdits Préfidens & Tréforiers-
Généraux de France, ainfi qu'il appartiendra. Défendons à
nofdits Baillifs , Sénéchaux , Prévôts & Vicomtes , ou leurs
Lieutenans , procédans aufdits Scellés , Exploit de Saifies ou
Main-mifes , de faire aucun Inventaire ou Defcription des
Biens à Nous appartenans à caufe des fufdits Droits : refervant
ladite Defcription ou Inventaire d'iceux , à nos Préfidens-
Tréforiers-Généraux de France , ou à leurs fubdélégués du
Bureau de la Généralité où lefdits Biens fe trouveront , & qui
Nous feront échus , à l'exclufion de tous autres Juges , de
quelque reffort & pouvoir qu'ils foient , afin de conferver par
nofdits Tréforiers - Généraux de France , & tirer par eux
Procès-verbaux de tous les Titres , Enfeignemens & Actes
concernans notre Domaine , & autres qui fe pourront trouver
dans l'Inventaire des Biens d'iceux , qui Nous écherront ou
appartiendront par Forfaicture , Confifcation , Aubaines ,
Deshérence, ou autrement. Voulons en outre que tous Procès
& différends , qui font & feront pendans par-devant nofdits
Baillifs , Sénéchaux , & autres Juges Royaux , concernans
notredit Domaine , Droit & chofes qui en dépendent , foient
aufli par eux renvoyés , comme Nous les renvoyons par ces
préfentes , aux Bureaux de nofdits Préfidens-Tréforiers-Géné-
raux du reffort de leurfdits Bailliages , Sénéchauffées & Jurifdictions , pour y être jugés , décidés & terminés , fuivant nos
Edits & Ordonnances : Défendons aufdits Baillifs , Sénéchaux
& Juges , d'entreprendre aucune Jurifdiction ou connoiffance
defdits Procès & différends , ni d'en juger & terminer les
Inftances , s'ils ne font commis & députés , pour ce faire , par
lefdits Préfidens , & Tréforiers-Généraux de France , à peine
de nullité de leurs Procédures & Jugemens. Et d'abondant ,
fuivant les Édits des mois de Novembre 1607. Février 1626.

par lefquels il eft donné pouvoir à notre Grand-Voyer, de connoître dans nos Villes, Fauxbourgs & Grands-Chemins, du fait de ladite Voirie, & à notre Chambre du Tréfor, de tous les différends qui interviendront pour les Droits dûs & affectés audit Grand-Voyer, & réunion d'icelles aux Charges & Offices de nofdits Préfidens & Tréforiers-Généraux de France, avons attribué & attribuons à chacun defdits Bureaux de nofdits Préfidens & Tréforiers-Généraux de France de Touloufe & Befiers, fins & limites de leurs Généralités, la Jurifdiction de ladite Voirie, circonftances & dépendances d'icelle; & ce ès Villes & Lieux dépendans de nos Juftices Royales en première Inftance, pour juger & décider tous Procès & différends qui feront mûs & intentés, tant pour raifon d'icelle Voirie que dépendances, fans préjudice toutesfois de la connoiffance & exercice du fait de ladite Voirie, attribuée à nos Maîtres des Ports, dans le Reffort de notre Cour de Parlement de Touloufe par nos Édits, & des Droits en icelle appartenans aux Capitouls de ladite Ville & Confuls du Reffort de notredit Parlement, pour en jouir par eux comme ils en ont ci-devant bien & dûément joui. Nofdits Préfidens & Tréforiers-Généraux de France defdites Généralités, tiendront les Audiences en habit décent, les Mardi, Jeudi & Samedi matin, s'il eft néceffaire; fçavoir depuis le premier jour d'Avril jufques au dernier Septembre, à huit heures du matin jufques à dix heures; & depuis le premier Octobre jufques au dernier Mars, depuis les neuf heures jufques à onze heures, pour juger le plus fommairement que faire fe pourra, les Caufes qui feront traitées par-devant eux; & pour le regard des Caufes qui feront appointées au Confeil, elles feront diftribuées par le plus ancien des Préfidens qui affifteront à la Diftribution; & en fon abfence, par fon Compagnon d'Office, qui retiendront chacun un Procès pour eux, par préciput, à chacune Diftribution, qui fe fera de mois en mois, & ne pourront être jugés à moindre nombre que de fept; les Épices defquelles Caufes, & de tous autres Procès

par

par écrit, qui feront rapportés, fans comprendre les Inftructions qui demeureront à ceux qui auront été commis, feront
partagées ; fçavoir, le quart pour le Rapporteur, & les trois
autres quarts pour tous les autres en commun. Et afin qu'aufdits deux Bureaux il y ait nombre fuffifant d'Officiers, pour
vacquer, tant au fait des Finances, qu'à celui de la Juftice, &
requérir ce qui Nous appartient, écherra & appartiendra, tant
à caufe de notre Domaine, Perception, Cueillette & Levée
de nos Droits de ladite Voirie, & de tous autres Droits Domaniaux, même à celui dudit Befiers, pour l'Intendance des
Gabelles de notredit Païs de Languedoc, & les rendre égaux
en nombre par tous les Bureaux de notredit Royaume. Avons,
par notre préfent Édit, créé & érigé, créons & érigeons en
Chef & Titre d'Office formé, quatre Confeillers Tréforiers
de France, & Généraux de nos Finances, en chacun des
Bureaux defdites Généralités de Touloufe & Befiers, pour
faire jufques au nombre de dix-huit en chacun defdits Bu-
raux ; pour vacquer à l'Exercice & Fonction defdites Charges : comme auffi, par ce même Édit, avons créé & érigé
deux Charges & Qualités de Préfidens en chacun defdits
Bureaux, outre les deux qui y font à préfent, pour être tenus
& poffedés par deux defdits Tréforiers de France, anciens ou
nouveaux, avec faculté de préfider & précéder, tant au Confeil, qu'en l'Audience, & ailleurs ; enfemble nous avons créé
un Avocat & un Procureur pour Nous, avec la qualité de
notre Confeiller en chacun d'iceux Bureaux, tant ès Finances,
Domaine que Voirie, aux Gages ordinaires. Pour le regard
defdits Tréforiers de France, & notre Procureur, tels & femblables dont jouiffent à préfent les autres Tréforiers-Généraux
à chacun defdits Bureaux, même ceux dudit Befiers, à caufe
de ladite Intendance des Gabelles, fans y comprendre les
augmentations qu'aucuns d'eux ont, ils feront payés fur femblable fonds & nature que les autres Officiers defdits Bureaux.
Et à cette fin fera fait & laiffé fonds en nos États par chacun
an, pour en jouir du premier jour de Juillet dernier ; & outre

M

ce, des mêmes Droits & Émolumens que font nos Avocats
& Procureurs aux Sièges Préfidiaux de notre Royaume ; enfemble des Droits de Bûche, d'Entrée & de Préfence, Franc-
Salé, Épices, Honneurs, Privilèges, Exemptions, Autorités, Préféances, Prérogatives, Franchifes & Libertés, dont
jouiffent nos autres Préfidens & Tréforiers - Généraux de
France defdits Bureaux, fans rien excepter, ni que ledit Droit
d'Entrée & de Préfence puiffe être diminué, par abfence ou
autrement : Et en outre, pour les mêmes confidérations, avons
créé & érigé, créons & érigeons par notre préfent Édit, dix
Procureurs poftulans en chacun defdits Bureaux de Touloufe
& Befiers, pour y exercer lefdites Charges, tant ès Finances
qu'en la Juftice dudit Domaine, Voirie & Gabelles ; lefquels
auront (comme nous leur donnons) pouvoir de dreffer tous
les États qui y feront préfentés par les Comptables efdits Bureaux ; pour chacun defquels États ils jouiront des 25. livres
qui font & feront paffés & alloués aufdits Comptables, pour
la préfentation & vérification defdits États. Comm'auffi, avons
créé trois Offices d'Huiffiers, outre les cinq qui y font à préfent établis, pour faire en chacun defdits Bureaux le nombre
de huit, lefquels fe diront & qualifieront Huiffiers de la Jurifdiction de notre Domaine, établis ès Généralités de Touloufe
& Befiers, avec pouvoir d'Exploiter par-tout notre Royaume
tous Actes de Juftice, de quelques Juges qu'ils foient émanés,
à l'inftar & aux mêmes Privilèges, Franchifes & Libertés,
que ceux de notre Chambre des Comptes & du Tréfor à Paris.
Comme auffi, pour les expéditions des Caufes d'Audience,
Procès par écrit, avons créé & érigé, créons & érigeons, en
chacun defdits Bureaux, un Greffier, pour l'ordinaire des
Caufes, avec un Maître-Clerc, & un Greffier des préfenta-
tions héréditaires ; aufquels Greffiers & Maîtres-Clercs, Nous
avons attribué femblables Droits, que ceux dont jouiffent nos
Greffiers & Maîtres-Clercs des Préfidiaux de notre Royaume.
Et attendu ladite création d'Office, Nous déclarons que le
nombre n'en pourra être augmenté, ni lefdits Bureaux faits

femeftres, ni alternatifs , de préfent ni à l'avenir, pour quelque caufe , occafion & prétexte que ce foit. Et feront nofdits Préfidens , Tréforiers-Généraux , Avocat & Procureur , tenus de prêter le ferment en notredite Cour de Parlement de Touloufe, pour ce qui concerne la Jurifdiction contentieufe du Domaine à eux attribuée par cetui notre Édit, pour raifon de laquelle nos Sujets ne pourront être diftraits du Reffort de notredite Cour de Parlement ; ains les appellations qui feront relevées des Jugemens donnés par iceux Préfidens Tréforiers-Généraux de Languedoc & Guienne , ès Caufes du Domaine reffortiffant en notredite Cour , feront traitées & jugées en icelle ; & feront , les Ordonnances émanées de notredite Cour , concernant la remife des Procédures & autres Actes en dépendans , exécutées fans demander *Vifa* ni *Pareatis.* Tous lefquels Offices , créés par notre préfent Édit , feront difpenfés du payement du Droit annuel , fans , pour ce , payer aucun prêt durant la préfente année , & les deux fuivantes , 1628 & 1629. Si donnons en mandement , à nos amés & féaux Confeillers , les Gens tenant notre Cour de Parlement de Touloufe, que que notre préfent Édit ils faffent lire , publier & enregiftrer , & le contenu en icelui inviolablement garder , obferver & entretenir , fans permettre qu'il y foit contrevenu ; nonobftant oppofitions ou appellations quelconques , pour lefquelles & fans préjudice d'icelles , ne voulons être différé , & dont , fi aucunes interviennent , nous avons retenu & refervé , retenons & refervons la connoiffance à Nous & à notre Confeil , & icelle interdite à toutes nos autres Cours , Juges & Officiers ; nonobftant auffi le fufd. Edit du mois de Juin 1536 , & tous autres Édits , Ordonnances , Arrêts , Reglemens , Défenfes , Privilèges & autres Lettres à ce contraires, ou données en conféquence ; aufquelles , & aux dérogatoires y contenues , Nous avons dérogé & dérogeons par ces préfentes ; car tel eft notre plaifir. Et parce que des préfentes on pourroit avoir à faire en plufieurs & divers Lieux , Nous voulons qu'au *vidimus* d'icelles, dûement collationnées par nos amés & féaux Notaires

M ij

& Secrétaires, foi foit ajoutée comme au préfent original ; auquel, afin que ce foit chofe durable, ferme & ftable à toujours, Nous avons fait mettre notre Scel, fauf en autres chofes notre Droit, & l'autrui en toutes. Donné à Paris au mois de Septembre, l'an de grace mil fix cent vingt-fept, & de notre Regne le dix - huitiéme. L O U I S, *figné.* Par le Roi, P H E L I P P E A U X. Lefdites Lettres fcellées de Cire verte, à Lacs de Soie à double queue.

Lûes, publiées & regiftrées ès Regiftres de la Cour, fur l'Arrêt par Elle judicielement cejourd'hui donné : Oüi, & ce requérant de Fieubet, pour le Procureur Général du Roi, pour en être le contenu gardé & obfervé felon fa forme & teneur. Fait & dit à Touloufe en Parlement, le troifième Juillet mil fix cent vingt-huit. Collationné, C A B R I T, ainfi figné. Et à la marge eft écrit : J'ai retiré l'Original des préfentes Lettres-Patentes du Roi, en forme d'Édit, contenant Création d'Office des Tréforiers de France & autres. Fait à Touloufe le 7. Juillet 1628. B O I S S O N, *figné.*

Collationné par nous, Confeiller du Roi, Notaire-Secrétaire du Parlement de Touloufe.

F. BEGUÉ.

PROVISIONS
DE PROCUREUR DU ROI
AU BUREAU DES FINANCES
DE LA GÉNÉRALITÉ DE TOULOUSE.

Extrait des Regiſtres de Parlement.

LOUIS, par la grace de Dieu, Roi de France & de Navarre : A tous ceux qui ces préſentes verront, Salut. Par notre Édit du mois de Septembre dernier, Nous avons créé & érigé un Procureur pour Nous, avec la qualité de notre Conſeiller en chacun des Bureaux des Finances ès Généralités de Touloufe & Beſiers, pour y être par Nous pourvu de perſonne capable, même à celui de la Généralité de Touloufe : Sçavoir faiſons, que pour le louable rapport que fait nous a été de la perſonne de Mᵉ. Jean de Bertrand, Docteur & Avocat en la Cour, & de ſes ſens, ſuffiſance, loyauté, prud'homie, expérience & bonne diligence ; à icelui, pour ces cauſes, avons donné & octroyé, donnons & octroyons, par ces préſentes, l'Office de notre Conſeiller & Procureur pour Nous, au Bureau des Finances en la Généralité de Touloufe, auquel depuis led. Édit n'a encore été pourvu, pour l'avoir, tenir & dorénavant exercer, en jouir, & uſer, par ledit de Bertrand, aux Honneurs, Autorités, Prérogatives, Prééminences, Franchiſes, Libertés, Privilèges, Exemptions, Gages de deux mille cinq cent livres, deux cent vint-cinq livres du Droit de Bûche, & de trois cent douze livres pour Droit d'Entrée & de Préſence, & autres Droits, Profits & Émolumens audit Office attribués, tels & ſemblables qu'en jouiſſent

N°. IV.

les Tréforiers de ladite Généralité ; même de jouir de la Dif-
penfe de quarante Jours , ainfi que les Officiers d'icelle , fans
payer aucun Prêt ni Droit annuel , pour la préfente année ni
la fuivante. *Si donnons en Mandement , à nos amés & féaux*
Conseillers les Gens tenant notre Cour de Parlement de Touloufe ,
& Chambre de nos Comptes à Montpellier , Préfidens & Tréforiers de France , & Généraux de nos Finances audit Touloufe ,
qu'après leur être apparu des bonne vie , mœurs , converfation & Religion Catholique , Apoftolique & Romaine dudit
de Bertrand , & de lui pris & reçu le ferment en tel cas requis
& accoutumé , ils le mettent & inftituent de par Nous , en
poffeffion & jouiffance dudit Office , & d'icelui enfemble ;
enfemble des Honneurs , Autorités , Prérogatives , Prééminences , Franchifes , Libertés , Privilèges , Exemptions ,
Gages de deux mille cinq cens livres , du Droit de Bûche ,
& de trois cens douze livres , pour Droit d'Entrée & de Préfence , & autres Droits , Profits , Revenus & Émolumens fufdits , le faffent , fouffrent & laiffent jouir & ufer pleinement
& paifiblement , & à lui obéir & entendre de tous ceux , &
ainfi qu'il appartiendra , ès chofes touchant & concernant
ledit Office , pourvu que ledit de Bertrand n'ait audit Bureau
aucuns parens ni alliés , au dégré de notre Ordonnance , à
peine de nullité des préfentes & de fa reception. Mandons en
outre à nofdits Tréforiers-Généraux , que par les Receveurs-
Généraux de nos Finances dudit Lieu , ou autres qu'il appartiendra , chacun en l'année de fon exercice , aufquels fera
laiffé fonds à cette fin , ils faffent payer comptant dorénavant ,
par chacun an , audit de Bertrand , aux termes accoutumés ,
lefdits Gages & Droits , à commencer du jour & date des
préfentes ; rapportant lefquelles , ou copie d'icelles , dûement
collationnée pour une fois , avec quittance dudit de Bertrand
fur ce fuffifante ; vouloir iceux être paffés & alloués ès comptes
defdits Receveurs que payés les auront , & déduits de la
Recette d'iceux , par nos amés & féaux les Gens de nofdits
Comptes fans difficulté. Car tel eft notre plaifir ; en témoin

de quoi Nous avons fait mettre nottre Scel à ces préfentes.
Donné au Camp devant Larochelle, le dix-feptième jour
d'Août, l'an de grace mil fix cent vingt-huit, & de notre
Regne le dix-neuvième. Sur le repli, par le Roi, SENAULT.
Ainfi figné, fcellées de Cire jaune à fimple queue.

Lefdites Lettres ont été vérifiées, & ledit de Bertrand reçu
audit Office, fuivant l'Arrêt fur ce donné par la Cour. A Touloufe,
le onzième Septembre mil fix cent vingt-huit.

Extrait des Regiftres de Parlement.

Vu les Lettres-Patentes du Roi, données au Camp devant
Larochelle, le vingt-fept Août dernier, fignées par le Roi, de
Senaux, fcellées du grand Sceau de Cire jaune, à double
queue, contenant don fait par ledit Seigneur, à M°. Jean de
Bertrand, Docteur & Avocat en la Cour, de l'État & Office
de fon Confeiller, & fon Procureur au Bureau des Finances
en la Généralité de Touloufe, de nouveau créé & érigé par Sa
Majefté : Et vu auffi l'Enquête d'Office faite des vie &
mœurs, converfation en la Religion Catholique, Apoftolique & Romaine dudit de Bertrand ; enfemble la Requête par
lui préfentée, pour être reçu audit État & Office. La Cour a
ordonné & ordonne, que ledit de Bertrand fera reçu audit
État & Office de Confeiller & Procureur du Roi au Bureau
des Finances en la Généralité de Touloufe, duquel il a été
pourvu par ledit Seigneur, à laquelle reception a été à l'inftant procédé, après ce que ledit de Bertrand a eu prêté le
ferment en tel cas requis, & fait les foumiffions accoutumées.
Prononcé à Touloufe en Parlement, le onzième jour de Septembre mil fix cent vingt-huit.

Collationné par nous, Confeiller du Roi, Notaire-
Secrétaire du Parlement de Touloufe.
F. BEGUÉ.

PROVISIONS
D'AVOCAT DU ROI
AU BUREAU DES FINANCES
DE LA GÉNÉRALITÉ DE TOULOUSE.

Extrait des Registres de Parlement.

N°. V. LOUIS, par la grace de Dieu, Roi de France & de Navarre : A tous ceux qui ces préfentes verront, Salut. Par notre Edit du mois de Septembre dernier, Nous avons créé & érigé un Avocat pour Nous, avec la qualité de notre Confeiller en chacun des Bureaux des Finances ès Généralités de Touloufe & Befiers, pour y être dès-à-préfent pourvu, & lorfque vacation y écherra de perfonne capable, même à celui de Touloufe : Sçavoir faifons, que pour le bon rapport qui Nous a été fait de M°. Geraud d'Agret, Avocat au Parlement de Touloufe, & de fes fens, fuffifance, loyauté, prud'homie, expérience & bonne diligence ; à icelui, pour ces caufes, avons donné & octroyé, donnons & octroyons, par ces préfentes, l'Office de notre Confeiller & Avocat pour Nous, au Bureau des Finances & Généralité de Touloufe, créé par led. Édit, auquel depuis icelui n'a été encore pourvu pour ledit Office, avoir, tenir, & dorénavant exercer, en jouir & ufer par ledit d'Agret, aux Honneurs, Autorité, Prérogatives, Prééminences, Franchifes, Libertés, Privilèges, Exemptions, Gages de douze cent livres, deux cent vingt-cinq livres du Droit de Bûché, & de trois cent douze livres du Droit d'Entrée & de Préfence, & autres Droits, Profits, Revenus & Émolumens, audit Office attribués,

même

même de jouir de la Dispense des quarante jours, ainsi que les Officiers de ladite Généralité, sans payer aucun Prêt ni Droit annuel en l'année présente, ni la suivante mille six cent vingt-neuf. *Si donnons en Mandement, à nos amés & féaux Conseillers, les Gens tenant notre Cour de Parlement de Toulouse, & Chambre des Comptes à Montpellier,* Présidens & Trésoriers-Généraux de France audit Toulouse, qu'après leur être apparu des bonnes vie, mœurs & conversation, & Religion Catholique, Apostolique & Romaine dudit d'Agret, & de lui pris le serment accoûtumé, ils le mettent & instituent, de par Nous, en possession & jouissance dudit Office, & d'icelui ; ensemble des Honneurs, Autorités, Prérogatives, Prééminences, Franchises, Libertés, Gages de douze cent livres, deux cent vingt - cinq livres du Droit de Bûche, & trois cent douze livres pour Droit d'Entrée & de Présence, & autres Droits & Emolumens susdits, le fassent, souffrent & laissent jouir & user pleinement & paisiblement, & à lui obéir & entendre de tous ceux qu'il appartiendra, ès choses touchant & concernant ledit Office, pourvu que ledit d'Agret n'ait aucuns parens ni alliés, au dégré de nos Ordonnances, audit Bureau, à peine de nullité des présentes & de sa reception : Mandons en outre ausdits Trésoriers, que par les Receveurs-Généraux de nos Finances dudit lieu, chacun en l'année de leur exercice, ausquels sera laissé fonds à cette fin, ils fassent payer audit d'Agret, dorénavant, chacun an, aux termes accoûtumés, lesdits Gages & Droits, à commencer du jour & date des présentes, rapportant lesquelles, ou copie dûement collationnée pour une fois, avec quittance dudit d'Agret, sur ce suffisante : Nous voulons, ce que par lui aura été payé être alloué ès Comptes dudit Receveur, qui payé les aura & rebattu de sa Recette par nosdites Gens des Comptes, sans difficulté. Car tel est notre plaisir ; en témoin de quoi Nous avons fait mettre notre Scel à ces présentes. Donné au Camp devant Larochelle, le dix - septième jour d'Août, l'an de

N

grace mil six cent vingt-huit , & de notre Regne le dix-neuviéme : Et sur le Repli ; par le Roi , SENAULT , *signé.* Scellé & contre-scellé du grand Sceau , à double queue de Cire jaune.

Les présentes Lettres ont été regiſtrées ès Regiſtres des Edits & Ordonnances , regiſtrées en la Cour ; pour , par ledit d'Agret , jouir de l'effet & contenu d'icelles , ſuivant l'Arrêt par elle ce-jourd'hui donné. Fait à Toulouſe en Parlement , le ſeizième de Mars mil ſix cent vingt-neuf.

Collationné par nous , Conſeiller du Roi , Notaire Secrétaire du Parlement de Toulouſe.

F. BEGUÉ.

PROVISIONS

DE PROCUREUR DU ROI
AU BUREAU DES FINANCES
DE BEZIERS.

LOUIS, par la grace de Dieu, Roi de France & de Navarre; à tous ceux qui ces présentes verront, salut. Par notre Edit du mois de Septembre dernier nous avons créé & érigé un Procureur pour nous avec la qualité de notre Conseiller en chacun des Bureaux des Finances des Généralités de Toulouse & Beziers, pour y être par nous pourvû de personnes capables, même à celui de la Généralité de Beziers : sçavoir, faisons que pour le rapport qui nous a été fait de Me. Jean de Saporta, & de ses sens, suffisance, loyauté, prud'hommie, expérience & bonne diligence. Pour ces causes, lui donnons & octroyons par ces présentes ledit Office de notre Conseiller & Procureur pour nous au Bureau des Finances en la Généralité de Beziers, auquel n'a été encore pourvû pour l'avoir, tenir & doresnavant exercer, en jouir & user par ledit de Saporta aux honneurs, autorités, prérogatives, prééminences, franchises, libertés, privileges, exemptions, gages de 2500. liv. 225. liv. de droit de bûcher, & de 312. liv. pour droit d'entrée, de présence tels & semblables qu'en jouissent les autres Trésoriers de ladite Généralité, avec attribution de la Jurisdiction du Domaine, Voirie du Ressort dépendant d'icelle & de l'Intendance des Gabelles de la Province de Languedoc, & pour icelle de 2200. livres de gages & autres droits, profits & émolumens y attribués, même de jouir de la dispense des quarante jours,

N ij

ainsi que les Officiers de ladite Généralité , sans pour ce payer aucun prest ni droit annuel pour la présente année ni la suivante 1629. *Si donnons en mandement à nos amés & féaux Conseillers les Gens tenans notre Cour de Parlement de Toulouse & Chambre de nos Comptes de* . . . . . . Présidens & Trésoriers Généraux de ladite Généralité , qu'après leur être apparu des bonne vie , mœurs & conversation & Religion Catholique , Apostolique & Romaine dudit de Saporta , & de lui pris & reçû le serment en tel cas requis & accoutumé , ils le mettent & instituent de par nous en possession & jouissance dudit Office & d'icelui , ensemble des honneurs , autorités , prérogatives , prééminences , franchises, libertés , priviléges , exemptions , gages de 2500. liv. 225. liv. de droit de bûcher , de 312. liv. pour droit d'entrée & de présence , pour ladite Intendance , & autres droits & émolumens susdits plainement & paisiblement , & à lui obéir & entendre de tous ceux & ainsi qu'il appartiendra ès choses touchant & concernant ledit Office , pourvu que ledit Saporta n'ait audit Bureau aucuns parens ni alliés au dégré de nos Ordonnances, à peine de nullité des présentes & de sa réception. Mandons en outre ausdits Trésoriers que par les Receveurs Généraux des Finances dudit lieu ou autres qu'il appartiendra , chacun en l'année de son exercice , ausquels à cette fin sera payé comptant audit de Saporta doresnavant pour chacun an aux termes accoutumés lesdits gages & droits à commencer du jour & date des présentes ; rapportant lesquelles nous voulons ce que payé aura été à cette occasion être passé & alloué ès comptes d'icelui , & déduit de leur recette par lesdits Gens de nos Comptes sans difficulté : Car tel est notre plaisir. En témoin de quoi nous avons fait mettre notre Scel à cesd. présentes. DONNÉ au Camp de la Rochelle le dix-septiéme jour d'Août , l'an de grace 1628. & de notre Regne le dix-neuviéme. Regîstrées suivant l'Arrêt de la Cour du 20. Décembre 1636.

Extrait des Registres de Parlement.

Vû les Lettres-Patentes du Roi données au Camp de la Rochelle le 17. Août 1628. signées sur le repli par le Roi, Senault, par lesquelles Sa Majesté fait don à Me. Jean de Saporta de l'Office de Conseiller & son Procureur au Bureau des Finances de la Généralité de Beziers, aux honneurs, gages & autres prérogatives y contenues, dire du Procureur Général du Roi, enquête de ses vie, mœurs, du 13. dudit mois de Décembre. LA COUR a ordonné & ordonne que ledit de Saporta sera reçû audit état & Office de Conseiller & Procureur du Roi au Bureau des Finances, à laquelle reception a été à l'instant procédé après qu'il a eu prêté le serment en tel cas requis, & fait les soumissions accoutumées. PRONONCÉ à Toulouse en Parlement le 22. de Décembre 1636.

Collationné par Nous Conseiller du Roi, Notaire-
Secrétaire du Parlement de Toulouse.

F. BEGUÉ.

PROVISIONS
D'*AVOCAT DU ROI*
AU BUREAU DES FINANCES
DE LA GÉNÉRALITÉ DE TOULOUSE.

Extrait des Registres de Parlement.

Nº. VII.

LOUIS, par la grace de Dieu, Roi de France & de Navarre; à tous ceux qui ces présentes verront, salut. Sçavoir, faisons que pour le bon rapport qui nous a été fait de la personne de notre bien amé Me: Jean d'Agret Avocat au Parlement de Toulouse, & de ses sens, suffisance, loyauté, prud'hommie, expérience & bonne diligence. A icelui, pour ces causes, & autres à ce nous mouvans, avons donné & octroyé, donnons & octroyons par ces présentes l'Office de Conseiller Avocat pour Nous au Bureau des Finances & Généralité de Toulouse, que souloit tenir & exercer Me. Geraud d'Agret son frere, dernier paisible possesseur d'icelui, vacant à présent par la pure & simple résignation qui en a été faite en nos mains par sa Procuration ci-attachée sous notre contre-scel, pour ledit Office avoir, tenir & dorénavant exercer, en jouir & user par ledit Jean d'Agret, aux honneurs, autorités, prérogatives, priviléges, prééminences, franchises, libertés, exemptions, gages, droits, fruits, profits, revenus & émolumens audit Office appartenans, tels & semblables & tout ainsi qu'en jouissoit ledit Geraud d'Agret son frere, tant qu'il nous plaira, encore qu'il ne vive les quarante jours portés par nos Réglemens de la rigueur, desquels attendu le droit annuel pour ce payé nous avons dispensé & dispensons ledit Jean d'Agret , pourvû toutes fois qu'il n'ait aucuns parens aud. Bureau au dégré prohibépar nos Ordonnances , à peine de nullité des préfentes & de fa réception. *Si donnons en mandement à nos amés & féaux Conseillers les Gens tenant notre Cour de Parlement de Toulouse,& Chambre des Comptes à Montpellier .* Préfidens & Tréforiers Généraux de France audit Toulouse , qu'après leur être apparu des bonnes vie , mœurs , converfation & Religion Catholique , Apoftolique & Romaine , & age requis par nos Ordonnances , dudit d'Agret , & de lui pris & reçû le ferment en tel cas requis & accoutumé , ils le mettent & inftituent ou le faffent mettre , & inftituer de par nous en poffeffion & jouiffance dudit Office & d'icelui , enfemble defdits honneurs , autorités , prérogatives , prééminences , franchifes , libertés , priviléges , exemptions , gages , droits , fruits , profits , revenus & émolumens fufdits le faffent , fouffrent & laiffent jouir & ufer pleinement & paifiblement , & à lui obéir & entendre de tous ceux & ainfi qu'il appartiendra ès chofes touchant & concernant ledit Office. Mandons en outre aufdits Tréforiers que par les Receveurs Généraux de nos Finances , & dudit lieu chacun en l'année de fon exercice aufquels fera laiffé fonds à cette fin , ils faffent payer audit d'Agret dorénavant par chacun an , aux termes accoutumés , lefdits gages & droits à commencer du jour & date des préfentes , rapportant lefquelles ou copie dûement collationnée pour une fois feulement , avec quittance dudit d'Agret fur ce fuffifante , nous voulons ce que payé lui aura été à cette occafion être paffé & alloué ès comptes dudit Receveur qui payé les aura , & rebattu de fa recette par nofdits Gens des Comptes : Car tel eft notre plaifir. En témoin de quoi nous avons fait mettre notre Scel à cefdites préfentes. Donné à Paris le 12. jour de Février , l'an de grace 1644. & de notre Régne le premier , & fur le repli par le Roi , Jodelet , figné , fcellées du grand Sceau de cire jaune à double queue. Lefdites Lettres ont été enregiftrées ès Regiftres de la Cour de Parlement de

Toulouse , suivant l'Arrêt par elle cejourd'hui donné à Toulouse en Parlement le 7. Mai 1644.

Extrait des Registres de Parlement.

Vû les Lettres-Patentes du Roi données à Paris le 12. Février 1644. scellées du grand Sceau de cire jaune à double
queue , signées par le Roi , Jodolet , par lesquelles Sa Majesté fait don à Me. Jean d'Agret , Avocat au Parlement de
Toulouse , de l'Office de Conseiller & Avocat du Roi au
Bureau des Finances & Généralité de Toulouse , que souloit
tenir & exercer Me. Geraud d'Agret son frere ; & vû la Requête par lui présentée à l'effet de sa réception , enquête de
ses vie & mœurs & conversation en la Religion Catholique ,
Apostolique & Romaine , faite à suite de l'Arrêt de la Cour du
7. de ce mois de Mai 1644. LA COUR a ordonné & ordonne
que ledit d'Agret sera reçu audit état & Office de Conseiller
& Avocat du Roi au Bureau des Finances & Généralité de
Toulouse dont il a été pourvû par le Roi , à laquelle réception a été à l'instant procédé , ayant à ces fins prêté le serment
en tel cas requis , & fait les soumissions accoutumées. Prononcé à Toulouse en Parlement le 9. de Mai 1644.

Collationné par Nous Conseiller du Roi , Notaire-
Secrétaire du Parlement de Toulouse.

F. BEGUÉ.

DÉCLARATION

DÉCLARATION DU ROI,

SERVANT de Reglement ſur les Appellations des Jugemens des Tréſoriers de France.

Donnée à Paris le 14. Mai 1717.

Avec l'Arrêt de Regiſtre du 18. Juin 1717.

Nᵒ. VIII.

LOUIS, par la grace de Dieu, Roi de France & de Navarre ; à tous ceux qui ces préſentes verront, ſalut. Par Edit du mois de Février 1704. portant création d'un Office de Tréſorier de France au Bureau de la Généralité de Paris, & d'un ſecond Préſident dans chacun des autres Bureaux de notre Royaume, le feu Roi notre très-honoré Seigneur & Biſayeul auroit ordonné que les Jugemens des Tréſoriers de France ſeroient exécutés par proviſion, nonobſtant l'appel, lequel ne pourroit être interjetté de leurs Jugemens interlocutoires ou préparatoires, concernant l'inſtruction des Procès ; mais ſeulement des Jugemens définitifs, conformément à l'Arrêt de notre Conſeil du 30. Mai 1639. La diſpoſition dudit Edit, contraire en ce chef, à l'uſage qui s'étoit obſervé juſqu'alors, ayant paru ſujette à pluſieurs inconvéniens, par une Déclaration du 5. Août audit an, il fut ordonné que notre Cour de Parlement de Paris continueroit de recevoir l'appel des Jugemens, tant interlocutoires, préparatoires, que définitifs, ſans diſtinction, qui auroient été ou qui ſeroient rendus par les Tréſoriers de France, à la charge par notredite Cour de ſe conformer exactement à la diſpoſition de l'article II. du titre VI. de l'Ordonnance du mois d'Avril 1667. & que les Jugemens deſdits Tréſoriers de France ſeroient en cas

O

d'appel exécutés par provision dans les cas y exprimés. Les mêmes raisons, qui ont rendu cette derniere Loi nécessaire dans le Ressort de notre Cour de Parlement de Paris, nous déterminent à en ordonner l'exécution dans toute l'étendue de notre Royaume. A ces causes & autres à ce nous mouvans, de l'avis de notre très-cher & très-amé Oncle le Duc d'Orléans Regent, de notre très-cher & très-amé Cousin le Duc de Bourbon, de notre très-cher & très-amé Cousin le Prince de Conti, de notre très-cher & très-amé Oncle le Duc du Maine, de notre très-cher & très-amé Oncle le Comte de Toulouse, & autres Pairs de France, grands & notables Personnages de notre Royaume, nous avons par ces Présentes signées de notre main, dit & ordonné, disons & ordonnons, voulons & nous plaît, que nos Cours de Parlemens reçoivent les appellations des Jugemens, tant interlocutoires, préparatoires, que définitifs, sans aucune distinction, qui ont été ou qui seront rendus par les Trésoriers de France, établis dans le Ressort de chacune de nosdites Cours, pour être statué sur ledit appel, en la maniere accoutumée comme avant notre Edit du mois de Février 1704. à la charge par nosdites Cours de se conformer exactement à la disposition de l'article II. du titre VI. de notre Ordonnance du mois d'Avril 1667. & seront en cas d'appel lesdits Jugemens des Trésoriers de France exécutés par provision, lorsqu'il s'agira de la perception ou recouvrement de nos droits, tant anciens que nouveaux ; que le fonds du Droit ne sera pas contesté, comme aussi en matiére de Voirie, & généralement dans tous les cas dans lesquels, suivant la disposition de nos Ordonnances & de celles des Rois nos prédécesseurs, les Jugemens desdits Trésoriers de France & autres Juges qui connoissent des droits de nos Fermes, sont exécutoires nonobstant l'appel. Voulons au surplus que notre Edit du mois de Février 1704. soit exécuté selon sa forme & teneur dans tous les points ausquels il n'est dérogé par ces Présentes. Si donnons en mandement à nos amés & féaux les Gens tenans notre Cour de Parlement à Toulouse, que ces Préfentes ils ayent à faire lire, publier & regiftrer, & le contenu faire garder & obferver de point en point felon leur forme & teneur : Car tel eft notre plaifir. En témoin de quoi nous avons fait mettre notre Scel à cefdites Préfentes. DONNÉ à Paris le quatorziéme jour de Mai, l'an de grace 1717. & de notre Régne le deuxiéme. Signé, LOUIS : *Et plus bas* ; Par le Roi, LE DUC D'ORLÉANS Regent, préfent. PHELYPEAUX.

Extrait des Regiftres de Parlement.

Vû la Déclaration du Roi donnée à Paris le 14. Mai dernier, fignée, LOUIS : *Et plus bas* ; Par le Roi, LE DUC D'ORLÉANS Regent, préfent. PHELYPEAUX. Scellée du grand Sceau en cire jaune, fervant de Réglement fur les appellations des Jugemens des Tréforiers de France , & tout autrement comme il eft porté par ladite Déclaration : Et oui fur ce le Procureur Général du Roi : LA COUR a ordonné & ordonne que ladite Déclaration du Roi fera regiftrée dans fes Regiftres, pour le contenu être gardé & obfervé fuivant fa forme & teneur , & que Copies d'icelle dûement collationnées feront envoyées dans tous les Bailliages, Sénéchauffées & autres Judicatures Royales du Reffort, pour y être procédé à femblable Regiftre , à la diligence des Subftituts dudit Procureur Général du Roi, qui en certifieront la Cour dans le mois. PRONONCÉ à Touloufe en Parlement , le 18. Juin 1717. Collationné, BESSON. Controllé , ROUJOUX. *Monfieur DE PROUGEN , Rapporteur.*

Collationné par Nous Confeiller-Secrétaire du Roi , Maifon &
Couronne de France en la Chancelerie de Languedoc.

ARREST

DE LA SOUVERAINE COUR

DE PARLEMENT,

Du 12. Mars 1735.

QUI maintient les Capitouls de Toulouse dans la Possession d'exercer la Voirie dans ladite Ville & Gardiage.

Extrait des Registres de Parlement.

N°. IX. ENTRE Me. Bailot, Syndic de la Ville de Toulouse, impétrant Lettres Royaux du 11. Février 1733. en cassation par attentat & autres voyes de droit des Exploits d'assignation qui avoient été donnés à la requête du Procureur du Roi au Bureau des Finances de Toulouse, & autres voyes de Droit, & pour voir ordonner que l'Ordonnance des Capitouls sortira à effet, avec défenses de troubler les Capitouls dans le droit de Police & autres fins, avec dépens, d'une part ; & Me. Galibert, Procureur du Roi au Bureau des Finances, Défendeur, d'autre ; & entre le Procureur du Roi & Syndic du Bureau des Trésoriers de France, Domaine & Voirie en la Généralité de Toulouse, suppliant par Requête du 15. Mai 1733. à ce qu'attendu que les Trésoriers sont les seuls Juges des faits que concernent la grande & petite Voirie, suivant les Edits & Arrêts du Conseil, sans avoir égard aux Lettres impetrées par le Syndic de la Ville, Assigna-

tion , ni aux prétendus Verbaux des Capitouls , & le tout
caſſant, avec tout ce qui peut avoir ſuivi , par contravention
aux Edits & Déclarations du Roi , & Arrêts du Conſeil y
mentionnés , renvoyer la Cauſe & Parties devant le Bureau
des Finances, avec dépens, d'unepart; & le Syndic de la Ville,
Défendeur & Suppliant par Requête de joint du 5. Avril
1734. à ce que , ſans avoir égard à l'Aſſignation donnée à la
requête du Subſtitut de M. le Procureur Général au Bureau
des Tréſoriers , ni à ſa Requête préſentée en la Cour , ordonner que les Procès-verbaux des Capitouls concernant l'allignement dont il s'agit ſeront exécutés ſelon leur forme & teneur , & les Capitouls maintenus au droit d'accorder les per-
miſſions de bâtir ou rebâtir les Maiſons aboutiſſantes aux
Rues , & d'en regler les allignemens dans la Ville & les Fauxbourgs , enſemble de pourvoir à la décoration des Rues , &
d'exercer la Police privativement aux Tréſoriers & autres
Officiers ſubalternes, en première Inſtance , ſauf l'appel en la
Cour , avec défenſes audit Subſtitut de troubler le Suppliant ,
à peine de caſſation des Procédures , amende & autre arbitraire , avec dépens , d'une part ; & le Subſtitut de M. le
Procureur Général au Bureau des Tréſoriers , Défendeur ,
d'autre ; & entre ledit Syndic de la Ville , Suppliant par Requête de joint , du 20. Mai 1734. à ce qu'il plaiſe à la Cour
caſſer par attentat & autres voyes de Droit ladite Ordonnance
des Tréſoriers du 14. de ce mois, avec défenſes audit Subſtitut
de , en vertu de ladite Ordonnance, rien faire ni attenter, &
de troubler les Capitouls dans la poſſeſſion & jouiſſance de
connoître du fait de la Voirie, dans la Ville & Gardiage ,
avec dépens, d'une part , & le Syndic des Tréſoriers de France , Défendeur & Suppliant par Requête de joint , du 25.
Mai 1734. à ce que, ſans avoir égard à la Requête du Syndic
de la Ville , & l'en déboutant , caſſer par attentat les permiſ-
ſions & Ordonnances des Capitouls , & en conſéquence faire
inhibitions & défenſes aux Peres Jeſuites de continuer leurs
conſtructions & entrepriſes, d'y procéder, à peine de 4000. l.

& d'en être enquis, avec dépens, d'une part ; & le Syndic de la Ville, Défendeur, d'autre : Vû le Procès, Plaidés, des 11. Janvier 1734. Requêtes & Ordonnances de joint desdits jours, Productions, Continuations, Dire par écrit, Factum, Mémoire, Avertissement, Réponse & autres Actes desdites Parties, ensemble les Dire & Conclusions du Procureur Général du Roi : LA COUR, sans avoir égard aux Requêtes dudit Procureur du Roi, a cassé & casse les Exploits d'assignation devant le Bureau desdits Trésoriers, ensemble le Jugement par eux rendu le 14. Mai 1734. ce faisant, a maintenu & maintient lesdits Capitouls de Toulouse dans la possession d'exercer dans ladite Ville & Gardiage la Police & Voirie, privativement ausdits Trésoriers & autres Officiers subalternes, en première Instance, sauf l'appel au Parlement ; les dépens demeurant compensés. *Monsieur DE COSTA, Rapporteur.* Cent vingt-deux écus, payés par le Syndic des Trésoriers le 22. Mars 1735.

ARREST
DU CONSEIL D'ÉTAT
DU ROI,

Du dix-huitiéme Juillet mil sept cens quarante-un.

QUI déboute les Tréforiers de France de la Généralité de Touloufe de leur Demande en caffation de l'Arrêt ci-deffus.

Extrait des Regiſtres du Conſeil d'Etat.

VEU au Conſeil d'État du Roi l'Inſtance d'entre les Préſidens-Tréſoriers de France au Bureau des Finances, Domaine & Voirie de la Généralité de Touloufe, Demandeurs en caffation d'un Arrêt du Parlement de Touloufe, du 22. Mars 1735. fuivant leur Requête inférée en l'Arrêt du Conſeil du 30. Août audit an, d'une part ; & les Capitouls & Syndic de la Ville de Touloufe, Défendeurs, d'autre part: Sçavoir, ledit Arrêt du Conſeil du 30. Août 1735. rendu fur la Requête defdits Sieurs Préſidens-Tréſoriers de France, tendante à ce qu'il plût à Sa Majefté, fans avoir égard audit Arrêt du Parlement de Touloufe du 22. Mars 1735. qui feroit caffé & annullé, ainfi que tout ce qui fe trouveroit fait en conféquence, les maintenir & garder dans les droits, exercice & fonctions de la grande & petite Voirie dans la Ville & Gardiage de Touloufe, fuivant & conformément aux Edits, Lettres-Patentes & Arréts qui ont été rendus, lefquels

ont diftingué les fonctions de la Voirie d'avec celles de la
Police, qu'ils ne conteftoient point & n'avoient jamais entendu contefter aux Capitouls de Touloufe, telles qu'elles font
expliquées dans l'Arrêt du Confeil du 30. Octobre 1632.
faire défenfes expreffes aux Capitouls de Toulouse d'y contrevenir, ni de les troubler dans l'exercice & les Fonctions
de la Voirie, à peine de nullité, caffation des Procédures,
trois mille livres d'amende pour chacune contravention, dépens, dommages & intérêts, par lequel Arrêt du 30. Août
1735. S. M. auroit ordonné que lad. Requête feroit communiquée aux Capitouls de la Ville de Toulouse, pour y fournir
des Réponfes dans deux mois, pour leurs Réponfes vûes, ou
à faute d'en fournir dans ledit tems, être par Sa Majefté ordonné ce qu'il apartiendroit ; & que fon Procureur Général
au Parlement de Toulouse envoyeroit inceffament au Sieur
Controlleur Général des Finances les motifs dudit Arrêt du
22. Mars 1735. la Commiffion du grand Sceau expédiée
fur ledit Arrêt du 30. Août 1735. l'Exploit de fignification
defdits Arrêt & Commiffion au Sieur Procureur Général du
Parlement de Toulouse, du 24. Septembre de ladite année ;
autre Exploit de fignification du même Arrêt & Commiffion
au Syndic & aux Capitouls de la Ville de Toulouse, dudit
jour 24. Septembre 1735. Sommations faites aufdits Capitouls & Syndic de fournir des Réponfes à ladite Requête,
des 18. 22. & 26. Novembre de la même année ; la Requête
préfentée au Confeil par lefdits Tréforiers de France de Touloufe, tendante à ce qu'il plût à Sa Majefté leur adjuger les
Conclufions par eux prifes par leur Requête inférée audit
Arrêt du Confeil du 30. Juin 1735. & condamner en outre
les Capitouls & Syndic de la Ville de Toulouse aux fraix &
coût dudit Arrêt & de celui qui interviendroit, & de tout
ce qui feroit fait ; Requête des Capitouls & Syndic de ladite
Ville de Toulouse, employée avec les Piéces y jointes, pour
Réponfes à celle des Tréforiers de France inférée audit Arrêt
du Confeil, & tendante à ce qu'il plût à Sa Majefté, fans

avoir

avoir égard aux Conclusions desdits Sieurs Tréforiers de France, dans lesquelles ils feroient déclarés non-recevables, ou, en tout cas, mal fondés, & dont ils feroient déboutés, ordonner que l'Arrêt du Parlement de Touloufe du 22. Mars 1735. feroit exécuté felon fa forme & teneur, & condamner lefdits Sieurs Tréforiers de France en l'amende de 450. liv. & aux dépens ; la fignification faite de ladite Requête à Me. Baize, Avocat defdits Sieurs Tréforiers de France, du 12. Juin 1736. Requête defdits Sieurs Tréforiers de France, employée, avec les piéces y énoncées, pour Réponfe à celle defdits Capitouls & Syndic, & pour Contredits contre leurs Piéces y jointes, & tendante à ce qu'il plût à Sa Majefté, fans s'arrêter aux Conclufions defdits Capitouls, leur adjuger celles qu'ils avoient prifes par leur Requête inférée en l'Arrêt du Confeil du 30. Août 1735. avec dépens ; la fignification faite de ladite Requête à Me. Belpel, Avocat defdits Capitouls & Syndic, du 11. Septembre 1736. autre Requête defdits Capitouls & Syndic, employée pour Réponfes & pour Contredits à celle defdits Sieurs Tréforiers de France, & tendante à ce qu'il plût à Sa Majefté, en procédant au Jugement de l'Inftance, leur adjuger leurs Conclufions par eux précédemment prifes, & condamner lefdits Sieurs Tréforiers de France en 2000. liv. de dommages & intérêts, & aux dépens ; la fignification faite de ladite Requête à l'Avocat defdits Sieurs Tréforiers de France, du 8. Mai 1737. autre Requête defdits Sieurs Tréforiers de France, employée pour plus amples moyens & pour Réponfe fommaire à celle des Capitouls & Syndic de Touloufe, & tendante à ce qu'il plût à Sa Majefté, en procédant au Jugement de l'Inftance, leur adjuger les Conclufions par eux prifes ; avec dépens ; la fignification faite de ladite Requête à l'Avocat defdits Capitouls & Syndic, du 18. Juin de la même année 1737. autre Requête defdits Capitouls & Syndic, employée pour Réponfe à celle des Sieurs Tréforiers de France, & pour plus amples moyens, & tendante à ce qu'il plût à Sa Majefté leur adjuger

P

leurs précédentes Fins & Conclusions , & où Sa Majesté feroit difficulté de s'en rapporter à l'usage constant dans lequel
ils étoient de donner les allignemens des Bâtimens qui se conf-
truisent dans la Ville & le Gardiage de Toulouse , leur permettre d'en faire la preuve par témoins , Parties présentes ou
dûement appellées , pardevant tel Magistrat qu'il plairoit à
S. M. de nommer , & condamner lesdits Sieurs Trésoriers de
France aux dépens ; la signification faite de ladite Requête à
l'Avocat desdits Sieurs Trésoriers de France , du 14. Août
audit an ; Arrêt du Conseil d'Etat du Roi , par lequel Sa Majesté auroit ordonné que les Requêtes & Piéces des Parties
seroient remises au Sieur de Conflans , Maître des Requêtes ,
que Sa Majesté auroit commis , pour , sur son rapport , après
en avoir communiqué au Bureau des Finances , être par Sa
Majesté fait droit sur le tout en la Grande Direction , ainsi
qu'il appartiendroit , du 20. dudit mois d'Août 1737. la
signification faite dudit Arrêt à l'Avocat des Capitouls &
Syndic de Toulouse, du 4. Septembre suivant ; Inventaire de
Production desdits Sieurs Trésoriers de France , suivant &
pour satisfaire audit Arrêt , à ce qu'il plût à Sa Majesté leur
adjuger les Conclusions qu'ils avoient prises par leur Requête insérée en l'Arrêt du Conseil , du 30. Août 1735. &
faisant droit sur le tout , sans avoir égard à l'Arrêt du Parlement de Toulouse, du 22. Mars 1735. qui seroit cassé &
annullé , ainsi que tout ce qui se trouveroit fait en conséquence , les maintenir & garder dans les droits , exercice &
fonctions de la Grande & Petite Voirie dans la Ville & Gardiage de Toulouse , suivant & conformément aux Edits ,
Lettres-Patentes & Arrêts qui avoient distingué les fonctions
de la Voirie , qui appartenoient incontestablement ausdits
Sieurs Trésoriers de France , d'avec celles de la Police , qu'ils
n'entendoient & qu'ils n'avoient jamais entendu contester
aux Capitouls de Toulouse , telles qu'elles étoient expliquées
dans l'Arrêt du 30. Octobre 1632. faire défenses expresses
ausdits Capitouls d'y contrevenir , ni de les troubler dans les

fonctions & exercice de la Voirie , à peine de nullité , caſſation des Procédures , trois mille livres d'amende pour chacune contravention , dépens, dommages & intérêts , & condamner leſdits Capitouls & Syndic de la Ville de Toulouſe
aux fraix & coût de l'Arrêt qui interviendroit & de celui du
30. Août 1735. & de tout ce qui feroit fait ; Piéces jointes
aux Requêtes deſdits Sieurs Tréſoriers de France , & produites par ledit Inventaire de Production aux inductions qu'ils
en ont tiré : Sçavoir, *Extrait collationné d'un Arrêt du Con-*
ſeil, par lequel Sa Majeſté auroit ordonné que les Préſidens &
Tréſoriers de France ès Généralités de Toulouſe & Beziers exerce-
roient dorénavant la Juriſdiction contentieuſe du Domaine &
Voirie , circonſtances & dépendances , ſuivant & conformément
à l'Edit du mois d'Avril 1627. & aux Lettres de Déclaration
intervenues en exécution d'icelui le 10. Août 1628. nonobſtant
les omiſſions & reſtrictions portées par l'Edit du mois de Sep-
tembre 1627. auquel Sa Majeſté auroit dérogé en ce qui con-
cernoit ces deux Généralités ſeulement , du vingt-ſixiéme Fé-
vrier 1629. Lettres-Patentes étant enſuite dudit Arrêt , expé-
diées ſur icelui , & adreſſées au Grand Conſeil , du même jour ,
Arrêt d'Enregiſtrement dudit Arrêt au Greſſe du Grand Conſeil ,
du 23. Mars ſuivant ; Arrêt du Conſeil d'État du Roi , en
forme de Reglement , par lequel Sa Majeſté a ordonné que les
Tréſoriers de France de Toulouſe paſſeroient outre à la Viſi-
tation , Bail & Adjudication au rabbais de la Conſtruction
d'une Chauſſée qui étoit à faire dans le Fauxbourg Saint Michel de la Ville de Toulouſe , qu'ils auroient la Direction de
tous les Ouvrages Publics , dont le fonds feroit laiſſé dans les
États de Sa Majeſté ou impoſé ſur les Diocèſes , Villes &
Communautés de la Généralité de Toulouſe , & que les Capitouls prendroient la Conduite des Ouvrages & Reparations
dont la Dépenſe ſe feroit ſur les Deniers Patrimoniaux d'Octrois de ladite Ville ſeulement ; avec défenſes aux Tréſoriers
de France & Capitouls de Toulouſe , de contrevenir à ce
Reglement, du 30. Octobre 1632. Commiſſion du Grand

P ij

Sceau, expédiée fur ledit Arrêt le même jour, Exploit de fignification defdits Arrêt & Commiffion faite aux Capitouls de Touloufe, du 8. Novembre fuivant ; Articles dreffés du Mandement du Sieur de Comynihan, Tréforier de France à Touloufe, par le Sieur Campmartin, Maître des Ouvrages Royaux en la Sénéchauffée de Touloufe, au fujet des Reparations néceffaires au Pont Saint Martin du Touch, & à celui appellé Tranquat, près de Colomiers, fur le Grand Chemin Public, tendant de Touloufe à Gimont & Auch, du 6. Avril 1633. Ordonnance dudit Sieur de Comynihan, Commiffaire député par le Bureau des Finances de Touloufe, & Affiche pour parvenir à l'Adjudication du Bail au rabbais defdites Reparations, des 20. & 21. dudit mois ; Ordonnance dudit Bureau, & Affiche pour parvenir à l'Adjudication au dernier Moinfdifant des Ouvrages à faire pour l'Accommodement du Grand Chemin de Touloufe à Lyon, à l'endroit du Lieu appellé le Miralhou, des 13. & 15. Juillet de la même année ; trois Devis intitulés, Articles dreffés en conféquence des Ordonnances du Bureau des Finances, par ledit Sieur Campmartin ; le premier pour l'Accommodement du Grand Chemin de Touloufe à Lyon, au-deffus du Miralhou, tirant au Pont de Lers ; le fecond, pour l'Accommodement du même Chemin fur le travers ; & le troifième, au fujet de la Démolition & Réédification d'une Voûte de la Chauffée du Pont de Velours, & de la Confection des nouvelles Murailles le long de cette Chauffée, fur le Grand Chemin de Lyon au Gardiage de Touloufe, avec les Offres faites pour l'Entreprife au rabbais defdits Ouvrages, des 4. Août, 18, 19, 20. 27, 28. & dernier Septembre, 1er. 4. 12. & 19. Octobre 1634. Autres Articles dreffés par ledit Sieur Campmartin, de l'Ordonnance defdits Sieurs Tréforiers de France, au fujet de la Conftruction d'un Pont fur le Grand Chemin de Touloufe à Carcaffonne, & pour le Raccommodement du même Chemin à l'endroit de l'Enclos de Villeloyen, au Gardiage de Touloufe, avec les Offres au rabbais faites pour l'Entreprife def-

dits Ouvrages, des 13. 18. 30. & 31. Juillet 1635 ; Requête
présentée au Bureau des Finances de Toulouse, par le Syndic
Général de la Province de Languedoc, pour avoir Permiſſion
de faire saiſir, entre les mains des Receveurs des Tailles de la
Généralité de Toulouse, les Deniers qu'ils devoient remettre
au Sieur Serres, Commis à la Recette Provinciale des Ponts
& Chauſſées de cette Généralité, juſques à concurrence de la
ſomme de 10000. liv. pour être, ladite ſomme, employée
aux Ouvrages & Reparations des Ponts & Chauſſées, avec
l'Ordonnance dudit Bureau ; portant, ladite Permiſſion, &
& les Exploits des Saiſies faites en conſéquence, des 6, 7.
10. 12. 14. & 27. Mars 1645. Procès-Verbal de Viſite
& Vérification du Pont Tranquat, dreſſé par le Sieur de
Comynihan, & ſon Ordonnance, tant pour la Reconſtruction de ce Pont, que pour la Conſtruction de deux autres
Ponts au Fauxbourg du Saint-Eſprit, & pour la Confection
des Devis néceſſaires à cet effet, du 8. Octobre de la même
année ; Ordonnance du Bureau des Finances de Toulouse,
rendue ſur le Requiſitoire du Procureur du Roi dudit Bureau,
portant qu'il ſeroit fait Commandement aux Particuliers,
Propriétaires d'Héritages aboutiſſans au Chemin d'Alby,
depuis la Porte de Matebœuf, de la Ville de Toulouse, juſqu'à une Maiſon appellée la Miralhou, de faire creuſer les
Foſſés & d'ouvrir, dans leurs Terres, un paſſage pour l'écoulement des Eaux ; & les Commandemens faits en conſéquence,
des 5. & 22. Octobre 1646. Requête préſentée au Bureau par
le nommé d'Aſſien, Maître Maçon, à l'effet de faire procéder
à la Vérification & Reception des Reparations par lui faites
au Pont & à la Chauſſée de Montaudran, & l'Ordonnance
du Bureau qui a commis le ſieur de Madron, Tréſorier de
France, aux fins de ladite Requête, du 28. Novembre de la
même année ; Ordonnance dudit Bureau, rendue ſur le Requiſitoire du Procureur du Roi, portant injonction au nommé
Pierre Saccareau, Entrepreneur des quatre Ponts conſtruits
ſur le Chemin de Miralhou, ſes Aſſociez & Cautions, de

remettre leſdits Ponts, ſuivant qu'il étoit porté par le Bail &
les Articles ſur ce paſſés, à peine d'y être contraints comme
pour les propres affaires de Sa Majeſté, même par empriſon-
nement de leurs Perſonnes, du 15. Novembre 1647. Requête
dudit Saccareau, & l'Ordonnance dudit Bureau étant enſuite,
portant qu'il ſeroit procédé à la Vérification deſdits Ponts par
le Sieur Calvet, Tréſorier de France, commis à cet effet, en
préſence du Procureur du Roi, & du Maître des Reparations
Royales de la Sénéchauſſée de Toulouſe, du 22. Juin 1648.
Délibération priſe en l'Aſſemblée des États de la Province de
Languedoc, tenue à Carcaſſonne en 1648. par laquelle il a
été donné pouvoir au Syndic Général de ladite Province, de
pourſuivre devant les Tréſoriers de France de Toulouſe, l'exécution d'un Devis fait pour la Conſtruction du Pont d'Alſonne
au Diocèſe de Carcaſſonne, & d'y faire employer partie des
Deniers accordez par Sa Majeſté ès années précedentes, du 3.
Avril de la même année ; Copie collationnée d'une Requête
préſentée aux Sieurs Préſidens-Tréſoriers de France au Bureau
des Finances de la Généralité de Toulouſe, par le Syndic des
Pères Jéſuites du Collège de Toulouſe, à l'effet de faire enre-
giſtrer audit Bureau, des Lettres-Patentes, par leſquelles Sa
Majeſté avoit ratifié & confirmé une Délibération priſe en
l'Hôtel-de-Ville de Toulouſe, portant Permiſſion audit Syndic de bâtir un Arceau ſur la Rue qui va de la Daurade au
Convent des Pères Jacobins ; l'Ordonnance de Soit-montré
au Procureur du Roi, miſe au bas de ladite Requête, les
Concluſions préparatoires dudit Procureur du Roi, portant
qu'il n'empéchoit, qu'il ne fût député Commiſſaire pour procéder à la Vérification de l'endroit où ledit Arceau devoit être
placé, de la largeur, hauteur, épaiſſeur & ſondément dont
il devoit être conſtruit, ſuivant le contenu auſdites Lettres ;
Ordonnance du Bureau, contenant la Nomination du Sieur
de Caſſaigneau, l'un deſdits Sieurs Tréſoriers de France ,
pour procéder à la Vérification, en préſence du Procureur du
Roi & du Sieur Campmartin, Maître des Œuvres & Repara-

tions Royales ; le Procès-Verbal de Vérification , dreſſé en
conſéquence par ledit Sieur Caſſaigneau , le Rapport dudit
Sieur Campmartin & les Concluſions définitives du Procureur
du Roi , portant qu'il n'empêchoit l'Enregiſtrement deſdites
Lettres-Patentes , à la charge de conſtruire ledit Arceau , con-
formement à la Relation du Maître de l'Œuvre & Reparations
Royales , des 24. & 26. Mai 1673. Copie collationnée d'une
Ordonnance dudit Bureau , rendue ſur le Requiſitoire du Procureur du Roi , portant injonction aux Propriétaires des Maiſons de la Ville & Fauxbourgs de Toulouſe de reparer , chacun en droit ſoi , le Pavé des Rues , & d'abbattre & ôter les
Sièges , Bancs , Encoigneures, Marches & Avances ſur la
Voie , & autres choſes incommodes au Public , à peine de
20. liv. d'amende ; avec défenſes auſdits Propriétaires , ſous
la même peine , de faire , par la ſuite , de pareilles entrepriſes , ſans avoir obtenu la Permiſſion du Bureau , du 27. Juillet
1701. Requête préſentée audit Bureau , par Balthazar Deſ-
claux , Procureur au Parlement , à ce qu'il lui fût permis de
faire travailler à la Conſtruction des Murailles de deux vieilles
Maiſons qu'il avoit nouvellement acquiſes d'un Prébendier du
Chapitre de Saint Étienne , ſur l'Allignement qui ſeroit
indiqué par le Bureau ; l'Ordonnance de Soit-communiqué
au Procureur du Roi , au bas de cette Requête ; les Concluſions du Procureur du Roi , portant qu'il n'empêchoit la
Permiſſion & l'Allignement requis , & qu'il fût nommé un
Commiſſaire pour procéder audit Allignement ; l'Ordonnance
du Bureau , qui a commis le Sieur Dufour à cet effet , & le
Procès Verbal dudit Sieur Dufour , contenant ſon Tranſport
& l'Allignement par lui donné pour la Reconſtruction deſdites Maiſons , en préſence du Procureur du Roi , du 15. Avril
1733. Imprimés de deux Arrêts du Conſeil d'État , par leſquels il eſt ordonné que les Appels interjettés des Ordonnances des Bureaux des Finances de Provence & de Tours , ſeront
portés au Conſeil , avec défenſes de ſe pouvoir ailleurs , & à
tous Juges d'en connoître , ſous les peines portées auſdits

Arrêts, des 16. Février & 13. Juillet 1734. Exploit d'Affignation donnée à la Requête du Procureur du Roi au Bureau des Finances, Domaine & Voirie de la Généralité de Touloufe, pardevant les Sieurs Tréforiers de France dudit Bureau, au Sieur Saint - Pierre, Prébendier de l'Eglife de Saint Étienne, & Syndic de la Table de Sainte Anne, établie en ladite Eglife, tant pour lui que pour les Sieurs Jarland & Baftide, Marchands & Bailles de la même Table, Propriétaires d'une Maifon fituée à Touloufe, Rue des Filatiers, pour fe voir condamner folidairement en l'amende de 20. liv. par eux encourue, pour avoir entrepris de réédifier & conftruire le Mur de ladite Maifon fur la Rue, fans avoir préalablement obtenu la Permiffion & pris l'Allignement du Bureau, conformément aux Édits, Déclarations, Arrêts du Confeil & Ordonnance dudit Bureau fur le Fait de la Voirie, & voir ordonner la Démolition dudit Mur, avec défenfes aux Ouvriers de continuer l'Entreprife, du 27. Janvier 1733. Copie des Lettres obtenues en la Chancellerie, près le Parlement de Touloufe, par Me. Louis-Guillaume Bailot, Avocat & Syndic de la Ville de Touloufe, à l'effet de faire affigner audit Parlement, le Subftitut du Procureur Général audit Bureau des Finances, pour voir caffer, par attentat & autres voyes de Droit, l'Exploit d'Affignation donnée devant les Tréforiers de France, au Syndic de l'Œuvre de Sainte Anne, voir ordonner que l'Ordonnance, par laquelle les Capitouls avoient permis la Réédification de ladite Maifon, fortiroit à effet ; & qu'il feroit fait défenfes aux Tréforiers de France, de les troubler dans l'Exercice de la Police, concernant la Décoration des Rues, avec dépens, du 11. Février 1733. Exploit de fignification étant enfuite, & Affignation donnée en conféquence defdites Lettres au Sieur d'Alibert, Procureur du Roi au Bureau des Finances de Touloufe, & la Réponfe dudit Sieur d'Alibert, contenant que c'étoit pour un Fait de Voirie qu'il avoit fait affigner le Syndic & les Bailles de l'Œuvre de Sainte Anne ; que la Voirie appartenoit inconteftablement aux

Sieurs

Sieurs Préfidens-Tréforiers de France, & qu'elle n'avoit rien
de commun avec la Police & la Décoration des Rues de la
Ville, laquelle il ne prétendoit point contefter aux Capitouls, du même jour 11. Février 1733. Requête préfentée
au Parlement de Touloufe, par le Procureur du Roi du Bureau
des Finances, à ce que, fans avoir égard aux fufdites Lettres
& Affignation donnée en conféquence, qui feroient caffées,
avec tout ce qui pouvoit s'en être enfuivi, par contravention
aux Edits & Déclarations du Roi, & aux Arrêts de fon Confeil, la Caufe & les Parties fuffent renvoyées devant lefdits
Sieurs Tréforiers de France, comme feuls Juges compétans
de connoître en première Inftance, des Faits concernant la
Grande & Petite Voirie, fuivant lefd. Édits, Déclarations &
Arrêts; Ordonance mife fur ladite Requête, portant en Jugement, du 15. Mai 1733. & fignification, du même jour,
au Procureur du Syndic de la Ville de Touloufe; Arrêt du
Parlement de Touloufe, qui appointe les Parties à écrire &
produire, du 11. Janvier 1734. Ordonnance du Bureau des
Finances de Touloufe, rendue fur le Requifitoire du Procureur du Roi dudit Bureau, portant défenfes aux Pères Jéfuites du Collège & du Penfionnat de Touloufe, de procéder à
la Conftruction d'un Arceau qu'ils avoient entrepris de bâtir
fur la Rue des Jacobins, avant qu'il en eût été ordonné par le
Bureau, & condamnation defdits Jéfuites en 200. liv. d'a-
mende, pour leur téméraire entreprife; avec défenfes à tous
Entrepreneurs, Maçons & Ouvriers, de continuer de travailler à ladite Conftruction à peine de 50. liv. d'amende,
& autre peine, s'il y écheoit, & d'en être enquis, du 14.
Mai 1734. Exploit de fignification faite de ladite Ordonnance aux Pères Jéfuites, & à l'Entrepreneur de ladite Conftruction, avec réitération des défenfes y contenues, des 15.
& 18. dudit mois; Copie d'une Requête préfentée au Parlement par le Syndic de la Ville de Touloufe, à l'effet de faire
caffer, par attentat, & autres voies de Droit, ladite Ordonnance, du 14. Mai 1734. & à ce qu'il fût fait défenfes aux

Q

Tréforiers de France de rien faire, attenter, en vertu de ladite
Ordonnance, & de troubler les Capitouls dans la Poffeffion
& Jouiffance de connoître du Fait de la Voirie dans la Ville
& le Gardiage ; la fignification faite de ladite Requête au
Procureur des Tréforiers de France, du 20. dudit mois de
Mai ; Requête préfentée au même Parlement par le Procureur
du Roi au Bureau des Finances, à ce que, fans avoir égard à la
Requête du Syndic de la Ville, & l'en déboutant, il plût à
la Cour, caffer, par attentat, les Permiffions & Ordonnances
des Capitouls ; & en conféquence, faire inhibitions & défenfes aux Pères Jéfuites, de continuer leur Conftruction, &
aux Entrepreneurs d'y procéder, à peine de 4000. liv. d'a-
mende, & d'en être enquis ; Ordonnance de Joint, mife fur
ladite Requête, du 25. du même mois, & fignification du
26. Arrêt du Parlement de Touloufe, de la caffation duquel
il s'agit, rendu fur les Productions refpectives des Parties, &
fur les Conclufions du Procureur Général de Sa Majefté, par
lequel la Cour, fans avoir égard aux Requêtes du Procureur
du Roi du Bureau des Finances de Touloufe, a caffé les Exploits d'Affignations données devant ledit Bureau ; enfemble
le Jugement rendu par les Tréforiers de France, le 14. Mai
1734. & à maintenu les Capitouls de Touloufe, dans la Poffeffion d'exercer, dans ladite Ville & Gardiage, la Police &
la Voirie, privativement aufdits Tréforiers & autres Officiers
Subalternes, en première Inftance, fauf l'Appel au Parlement,
& a compenfé les dépens, du 22. Mars 1735. fignification
dudit Arrêt, faite au Procureur du Syndic de la Ville de
Touloufe, du 23. dudit mois ; & Exploit de fignification du
même Arrêt, audit Syndic en fon Domicile, fans approbation, & avec proteftation de fe pourvoir, contre ledit Arrêt,
par-devant qui il appartiendroit, du 24 du même mois ;
Inventaire de Production des Capitouls & Syndic de la Ville
de Touloufe, fuivant & pour fatisfaire à l'Arrêt du Confeil
du 20. Août 1737. à ce qu'il plût à Sa Majefté, faifant Droit fur
l'Inftance, fans avoir égard aux Conclufions prifes par les

Sieurs Tréforiers de France de Touloufe, par leur Requête inférée en l'Arrêt du Confeil, du 30. Août 1735. dans léf-quelles ils feront déclarés non-recevables, & en tout cas mal fondés, & dont ils feroient déboutés; adjuger aufdits Capi-touls & Syndic, celles qu'ils avoient prifes par leurs Requêtes fignifiées en l'Inftance; en conféquence ordonner que l'Arrêt du Parlement de Touloufe, du 22. Mars 1735. feroit exécuté felon fa forme & teneur; & où Sa Majefté feroit difficulté de s'en rapporter à l'Ufage conftant où étoient lefdits Capitouls de donner les Allignemens des Bâtimens qui fe conftruifoient dans la Ville & Banlieue de Touloufe, leur permettre d'en faire la Preuve par Témoins, Parties préfentes ou dûément appellées, par-devant le Magiftrat qu'il plairoit à Sa Majefté de commettre, & condamner lefdits Sieurs Tréforiers de France en 450. liv. d'amende, en 2000. liv. de dommages & intérêts, & aux dépens; Piéces jointes aufdites Requêtes des Capitouls & Syndic de la Ville de Touloufe, & produites par ledit Inventaire de Production, aux inductions qui en ont été tirées; fçavoir, Copie collationnée de Lettres-Paten-tes du Roi Charles IV. par lefquelles il eft enjoint au Séné-chal de Touloufe, de maintenir les Capitouls de Touloufe dans la Poffeffion où ils étoient de connoître des Matières Criminelles dans l'étendue de la Viguerie de Touloufe, en conféquence des Lettres-Patentes que les Capitouls avoient expofé leur avoir été accordées par le Roi, Prédéceffeur de Charles IV. en ces termes: *Sua vobis Capitularii cognitione monftrarunt, quod olim chariffimus Dominus Genitor nofter, per fuas Litteras, eis conceffit omnium cognitionem Caufarum Crimi-nalium per & infra totam Vicariam Tolofæ emergentium, ut ipfam cognitionem tanquam fuam & jure fuo haberent, & exer-cerent iidem Capitularii eaque, ex tunc hactenus ufi fuerint & inde fint in poffeffione, &c.* du 8. Avril 1321. Copie colla-tionnée d'une Requête préfentée au Roi François Iᵉʳ. par les Capitouls de Touloufe, à ce qu'il lui plût ordonner qu'ils auroient en première Inftance la connoiffance de ce qui con-

cernoit le Pain, Vin, Chairs vives & mortes, Bled & toute
autre sorte de Grains, Paille, Foin, Bois à bâtir & à brûler,
Moulins, Prés, Viviers, Façons d'Édifices, de Maisons &
autres Édifices, Pavés des Rues & autres Lieux, Quais,
Fosses, & généralement de tout autre Fait de Police & dépendances d'icelle, jusques à Sentence définitive inclusive-
ment, suivant qu'il est plus au long porté en ladite Requête,
au bas de laquelle est une Ordonnance du Conseil, portant:
»Soient faites Lettres-Patentes, par lesquelles soit mandé au
»premier Maître des Requêtes Ordinaires de l'Hôtel du Roi,
»Conseiller du Grand Conseil dudit Seigneur, ou autres,
»commis à l'exécution de l'Arrêt dudit Conseil, du 24. Mars
»1530. de pourvoir aux Supplians, sur le contenu en la
»présente Requête, en procédant à l'exécution dudit Arrêt,
»du 14. Mai 1531. *Expédition en parchemin, tirée des Regis-*
tres du Parlement de Toulouse, délivrée par le Greffier dudit Par-
lement, & légalisée, d'un Edit du Roi Louis XIII. portant
Création de quatre Trésoriers de France, de deux Présidens, d'un
Avocat & d'un Procureur du Roi, de dix Procureurs Postulans,
de trois Huissiers, & de deux Greffiers en chacun des Bureaux des
Généralités de Toulouse & Besiers, avec attribution de la Juris-
diction Contentieuse sur le Fait du Domaine de Sa Majesté,
Voirie & autres Droits, attribués aux Officiers des autres Bureaux
du Royaume, en première Instance, & pouvoir de connoître de
ladite Voirie & dépendances, suivant les Edits de Novembre
1607. & de Février 1626. concernant les Fonctions de Grand
Voyer, & Réunion desdits Fonctions aux Charges des Trésoriers
de France; sans préjudice toutesfois de la Connoissance & Exer-
cice du Fait de la Voirie, attribuée aux Maîtres des Ports dans le
Ressort du Parlement de Toulouse, par les Edits de Sa Majesté,
& des Droits en icelle, appartenans aux Capitouls de ladite Ville,
& Consuls du Ressort dudit Parlement, pour en jouir comme ils
en avoient précédemment bien & dûement joui, du mois de Sep-
tembre 1627. ensuite de laquelle Expédition dud. Edit est l'En-
registrement qui en a été fait au Parlement de Toulouse le 3. Juillet

1628. Extrait collationné par le Secrétaire & Greffier de la
Ville de Toulouse, des Articles présentés par les Capitouls
au Roi Louis XIV. & la Réponse de Sa Majesté sur l'Article
V. contenant qu'Elle entendoit que lesdits Capitouls fussent
conservés en la Jurisdiction Civile, Criminelle & Politique,
telle qu'ils avoient en ladite Ville, & qui leur avoit été con-
cedée par les Rois ses Prédécesseurs, selon qu'ils en avoient
bien & dûement joui & en jouissoient alors, du 12. Novembre 1660. Copie collationnée d'un Aveu & Dénombrement,
fourni par le Sieur Lafaille, ancien Capitoul & Syndic de la
Ville de Toulouse, aux Sieurs Commissaires députés par Sa
Majesté, pour la Confection du Papier Terrier, & la Reception des Aveux & Dénombremens dans la Province de Languedoc, par lequel ledit Syndic déclare, entre autres choses,
que les Capitouls avoient Droit de connoître de la Police
Civile & Criminelle, Haute, Moyenne & Basse, même ès cas
Royaux & sur les Nobles, ensemble des Tailles; & qu'il
appartenoit à la Ville de Toulouse deux Greffes, l'un pour
les Affaires de la Police, l'autre pour les Procèdures Criminelles; ensemble les Amendes de la Police, Droit de Sceau,
Tabellionage & autres, du 15. Septembre 1684. ensuite
duquel Dénombrement, est le Jugement rendu sur icelui par
lesdits Sieurs Commissaires, par lequel ils ont déclaré le Roi
Seigneur Haut, Moyen & Bas Justicier de la Ville & du
Gardiage de Toulouse, ont réuni au Domaine de Sa Majesté
le Greffe Criminel & les Amendes de Police, & ont au surplus reçu ledit Dénombrement, pour jouir par lesdits Syndic
& Capitouls de la Ville de Toulouse, & obtenir Lettres
d'Amortissement, suivant l'Édit du mois de Décembre 1686.
de l'Exercice de la Justice Civile & Criminelle, Police, Cas
Royaux & Fait des Tailles, du 10. Avril 1688. Copie collationnée d'un autre Jugement desdits Sieurs Commissaires,
par lequel ils ont reçu les Capitouls opposans au susdit Jugement & à un autre Jugement par Défaut, du 18. Janvier
1689. portant Réunion au Domaine d'un autre Greffe Cri-

minel ; & en conséquence ont maintenu les Capitouls dans la Possession & Jouissance des deux Greffes Criminels , réunis au Domaine par les précédens Jugemens ; ensemble des Amendes de Police , & dans le Droit , de les appliquer aux Réparations de la Ville , du 25. Novembre 1690. Copie collationnée de Lettres-Patentes accordées aux Consuls , Capitouls & Habitans de la Ville de Toulouse , portant Amortissement des Biens , Droits & Facultés par eux possedés , conformément au Jugement desdits Sieurs Commissaires , du mois de Mars 1691. Copie collationnée d'autres Lettres-Patentes , par lesquelles Sa Majesté a déclaré n'avoir entendu comprendre dans ses Édits des mois d'Octobre & Novembre 1699 , la Ville de Toulouse , a conservé & maintenu ladite Ville dans le Droit dont elle avoit joui de tout tems , de faire exercer la Police par ses Capitouls & Officiers , privativement à tous autres Juges , de même qu'elle en avoit usé avant lesd. Édits , sans qu'à l'avenir , sous prétexte des mêmes Édits ni autres , ladite Ville de Toulouse pût être troublée dans le Droit , Faculté , Jouissance & Exercice de la Police , que Sa Majesté a déclaré être propre & patrimoniale dans ladite Ville , Fauxbourgs & Banlieue ; à la charge néanmoins par les Capitouls & Habitans de Toulouse , de payer à Sa Majesté , suivant leurs Offres , la somme de 200000. liv. & les 2. s. pour l. du 27. Avril 1700. Extrait collationné des Articles présentés à Sa Majesté par les Capitouls en 1717. & la Réponse de Sa Majesté sur l'Article XV. contenant qu'Elle entendoit que lesdits Capitouls fussent conservés dans la Jurisdiction Civile , Criminelle & Politique , telle qu'ils avoient en la Ville de Toulouse , & qui leur avoit été concédée par les Rois ses Prédécesseurs , selon qu'ils en avoient bien & dûement joui & en jouissoient alors ; ce qui auroit lieu pour les Contestations qui surviendroient à l'avenir , à l'occasion de la Subvention accordée par Arrêt du Conseil , du 16. Février 1715. à ladite Ville de Toulouse , du 17. Juillet 1717. Extrait des Registres de la Maison Commune de Toulouse , contenant une

Ordonnance, par laquelle les Capitouls ont fait défenses de
faire des Avancemens aux Maisons, & de faire les Saillies des
Toits plus avant que de quatre pans sur les Vues, avec un
Arrêt du Parlement de Toulouse, confirmatif de ladite Ordonn-
nance, des 20. Avril 1523. & 21. Juillet 1526. Extrait des
Registres de l'Hôtel-de-Ville de Toulouse, contenant une
Ordonnance du Connétable de Montmorency, Gouverneur
de la Province de Languedoc, rendue sur la Requête du Syndic de ladite Province, portant injonction de Démolir tous
les Auvens qui étoient en & sur les Rues publiques de la plûpart des Villes de la même Province, & aux Juges Ordinaires, Consuls, Capitouls & autres Magistrats, de veiller à cette
Démolition, ainsi qu'au Nettoyement des Rues, & à l'obser-
vation des Reglemens de Police du 15. Juin 1540. Autre
Extrait des mêmes Registres, contenant une Ordonnance rendue par les Capitouls de Toulouse, portant condamnation de
différentes Amendes contre plusieurs Particuliers, & injonction aux Habitans de la Ville de Toulouse, d'abbattre tous
Forgets, Volets & autres Édifices, faits sur les Rues de la
Ville & des Fauxbourgs, & de réduire & mettre à plomb
lesdits Édifices avec un Arrêt du Parlement de Toulouse,
portant confirmation de ladite Ordonnance, des 20. & dernier Mai 1541. Autre Extrait des mêmes Registres, contenant une Ordonnance desdits Capitouls, portant défenses à
tous Propriétaires des Maisons, de faire aucunes Saillies sur
les Rues, & de mettre aucunes Piéces de Bois ou Pierre le
long des Murailles de leurs Maisons, autre part qu'aux Angles
& Encoigneures, du 2. Juillet 1672. Autres Extraits, contenant autant d'Ordonnances, par lesquelles les Capitouls ont
enjoint aux Propriétaires des Terres & Héritages aboutissans
aux Grands Chemins Publics, dans l'étendue du Gardiage
de Toulouse, de faire recurer, élargir ou combler des Fossés, & aux Propriétaires des Ponts & Pontonages, étant sur
la Rivière de Lers, de les faire reparer, ont fait défenses aux
Conducteurs des Tomberaux, & autres Voitures, de porter

des Immondices fur les Grands Chemins, & ont condamné en l'Amende plufieurs Particuliers, pour n'avoir pas réparé leurs Héritages fur lefdits Grands Chemins, & plufieurs Confuls des Lieux circonvoifins, faute d'avoir fait réparer les Chemins dans l'étendue de leurs Confulats, des 7. Septembre 1634. 12. & 19. Août 1649. 27. Juillet 1651. 12. Septembre 1658. 6. Juin 1663. 18. Juin 1666. 26. Novembre 1680. 26. Avril 1685. 27. Avril 1687. 10. Septembre 1693. & 23. Février 1713. Onze autres Extraits d'Ordonnances, rendues par lefdits Capitouls, par lefquelles ils ont ordonné la Démolition & le Comblement d'un Puits, la Démolition, Fermeture ou Rétabliffement de plufieurs Maifons, la Fermeture de plufieurs Ruelles, l'Enlevement des Ruines & Décombres étant dans les Rues, permis la Conftruction d'un Engard, & maintenu un Particulier dans la Faculté d'exercer la Profeffion de Maréchal, en la Boutique d'une Maifon qu'il avoit pris à Loyer, des 20. Février 1664. 13. Mai 1677. 8. Août 1682. 15. Novembre 1683. 6. Juin 1685. 9. Février & 19. Avril 1689. 4. Août 1695. 9. 10. 20. Août & 17. Septembre 1696. & 25. Juin 1701. Autres Extraits de neuf Ordonnances, rendues par lefdits Capitouls, au fujet de la Liberté du Paffage des Rues & de la Voie Publique, des 8. Juin 1640. 20. Décembre 1644. 22. Mars 1648. 1er. Juin 1652. 9 Décembre 1684. 3. Janvier 1685. 27. Juin 1686. 26. Avril 1689. & 7. Septembre 1693. Autres Extraits d'Ordonnances, au nombre de dix-neuf, rendues par les Capitouls, au fujet de la Refaction & de l'Entretien du Pavé des Rues de la Ville de Touloufe, pour la commodité publique & pour l'écoulement des Eaux, & au fujet de l'Enlevement des Siéges de pierre, de brique ou de bois, étant devant quelques Maifons, avec un Arrêt du Parlement de Touloufe, qui autorife la première defdites Ordonnances, des 12. & 14. Juillet 1651. 28. Juillet 1657. 20. Février 1658. 17. Décembre 1663. 4. Février & 10. Avril 1665. 17. Juin 1666. 30. Décembre 1673. 1er. Octobre 1678. 14. Avril 1679.

19.

19. Décembre 1681. 4. Juillet 1685. 17. Janvier & 23.
Février 1686. 19 Février & 9. Décembre 1688. 7. Novembre & 16. Décembre 1689. & 6. Juillet 1693. Autre
Extrait d'une Ordonnance desdits Capitouls, portant injonction aux Habitans de Toulouse, de faire balayer & tapisser
les Rues, par lesquelles le Sieur Duc de Verneuil, Gouverneur de la Province, devoit passer, du 14. Mars 1667.
Copie collationnée d'une Délibération prise en l'Hôtel-de-
Ville de Toulouse, par laquelle les Capitouls ont permis aux
Pères Jésuites de bâtir un Arceau sur la Rue qui va de la Daurade aux Jacobins, du 4. Mars 1673. Copie de Lettres-Patentes, portant Ratification de ladite Délibération, obtenue
par les Pères Jésuites, & adressées aux Trésoriers de France
de Toulouse, du mois de Mars 1673. Copie d'une Ordonnance du Bureau des Finances de Toulouse, portant Enregistrement desdites Lettres, sans approbation de la susdite
Délibération, en ce qu'elle contenoit Permission de construire
ledit Arceau, du 26. Mai de la même année ; & copie collationnée d'une Ordonnance desdits Capitouls, portant injonctions aux Marchands de Bois & autres, ayant Attélier sur le
bord de la Rivière de Garonne, de se retirer à une certaine
distance, pour laisser libre la Navigation de ladite Rivière,
du 8. Juin 1686. Ordonnance du Conseil, mise au bas de la
Requête des Sieurs Trésoriers de France, du Bureau des Finances de Toulouse, par laquelle le Sieur Savalette, Chevalier,
Conseiller du Roi en tous ses Conseils, Maître des Requêtes
Ordinaire de son Hôtel, a été commis & subrogé au Sieur de
Conflans, pour faire le Rapport de l'Instance d'entre les Parties, du 24. Juillet 1739. & la signification qui en a été faite
à M^e. Calvel, Avocat des Capitouls, & Syndic de la Ville
Toulouse, du 28. dudit mois : Requête présentée au Conseil
par lesdits Sieurs Trésoriers de France, à ce qu'il plût à Sa
Majesté, leur permettre d'y joindre les Piéces y énoncées ;
procédant au Jugement de l'Instance, leur adjuger leurs précédentes fins & conclusions, & en y ajoûtant, déclarer

R

communs avec eux , & avec les Capitouls de Touloufe , les
Arrêts des 5. Août 1689. 1ᵉʳ. Décembre 1693. 2. Mars
1694. 5. Août 1697. 8. Août 1698. dernier Décembre
1700. & 1ᵉʳ. Octobre 1737. rendus en faveur des Bureaux
des Finances de Riom , Mets , Bourges , Larochelle , Montauban & Tours , contre les Maires & Échevins , & Confuls
de ces Villes ; & en conféquence , maintenir & garder lefdits
Sieurs Tréforiers de France de Touloufe , dans la Direction &
la Jurifdiction contentieufe de la Grande & Petite Voirie dans
la Ville & Gardiage de Touloufe , & faire défenfes aux Capitouls de les y troubler ; ladite Requête , fignée Platrier ,
leur Avocat ; Ordonnance au bas , portant : Soient les Piéces
jointes à l'Inftance , au furplus en jugeant , du 31. Août
1739. & la fignification qui en a été faite à l'Avocat des Capitouls le 2. Septembre fuivant ; Piéces jointes à ladite Requête , aux inductions qui en ont été tirées ; fçavoir , Copie d'un
Arrêt du Confeil , par lequel il a été enjoint aux Tréforiers-
Généraux des Finances de Sa Majefté , en faifant leur Che-
vauchée , de dreffer un État exact des Péages qui fe payoient
par les Marchands , & des Deniers qui s'impofoient fur les
Habitans des Paroiffes deftinées aux Entretenemens & Réparations des Ponts & Pavés , Chemins , Chauffées & autres
Ouvrages publics , de fpécifier dans cet État les Lettres-
Patentes en vertu defquelles lefdits Péages & Deniers fe levoient , & de joindre au même État la Dépenfe ordinaire qui
s'en faifoit , pour , fur la réprésentation qui en feroit faite à Sa
Majefté , être par Elle ordonné tel Reglement qu'il appartiendroit , du 2. Avril 1605. Copie d'un autre Arrêt du Confeil ,
portant entre autre autres chofes , qu'il feroit fait Commandement à tous Péagers & Barragers , de mettre en bon état les
Chauffées & Pavés ; fi-non , qu'il feroit procédé par les Tréforiers de France de Paris à la Saifie des Péages , pour en réparer les Ponts & Chauffées , du 11. Avril 1609. Imprimé
d'un Arrêt du Parlement de Paris , rendu fur les Conclufions
du Sieur Talon , Avocat Général , entre le Sieur Charon ,

Voyer Général de l'Archevêché de Paris & de ses Annexes, les Tréforiers de France de la Généralité de Paris, prenant le Fait & Caufe du Sieur Hobbé leur Commis, les Économes du Revenu Temporel dudit Archevêché, lors vacant en Regale, affignez en garantie, & les Prêtres de la Congrégation de l'Oratoire de Jefus, par lequel lefdits Sieurs Tréforiers de France ont été maintenus par provifion en la Grande & Générale Voirie, & lefdits Économes, Religieux de Saint Magloire en la Petite Voirie dans les rues dans lefquelles toutes les Maifons des deux côtés étoient de leur Juftice, fans que pour les Lieux dépendans de la Juftice de Saint Magloire & de Saint Eloy, ils puiffent prétendre aucune Voirie, du 18. Janvier 1661. Autre Imprimé d'un Arrêt du même Parlement, auffi rendu fur les Conclufions du Sieur Avocat Général Talon, entre les Tréforiers de France de la Généralité de Paris, & le Sieur Abbé de Saint-Germain des Prez, par lequel lefdits Tréforiers de France ont été maintenus & gardés en la Poffeffion de la Grande Voirie dans le Fauxbourg Saint Germain, & l'Abbé de Saint-Germain au Droit & Poffeffion de la Petite Voirie, fuivant les Arrêts par lui obtenus, du 25. dudit mois de Janvier 1661. Imprimé d'un autre Arrêt dudit Parlement, qui a débouté le Sieur Nera, Notaire à Paris, de fa Requête, & a ordonné qu'il prendroit l'Allignement des Sieurs Tréforiers de France, fauf fon recours contre le Voyer du Fauxbourg Saint Germain, du 7. Septembre 1672. Imprimé d'un Arrêt du Confeil, rendu entre les Tréforiers de France de la Généralité de Riom, & les Confuls & Officiers de la Sénéchauffée & du Siége Préfidial de la Ville de Riom, par lequel Sa Majefté auroit fait défenfes aux Lieutenant Général, Confuls & Juges de Police de ladite Ville, de troubler lefdits Tréforiers de France, dans les Exercices & Fonctions de la Grande & Petite Voirie, du 5. Août 1689. Autre Imprimé d'Arrêt du Confeil d'État, par lequel Sa Majefté auroit ordonné que les Fonctions des Préfidens-Tréforiers de France au Bureau des Finances de la Ville de Mets, & celles des Maire & Echevins

R ij

de ladite Ville seroient reglées entre eux , à l'instar de ce qui se pratiquoit & observoit entre le Bureau des Finances & les Prévôt des Marchands & Échevins de la Ville de Paris , du 1er. Décembre 1693. Autre Imprimé d'Arrêt du Conseil d'État , rendu entre les Échevins & Communauté de la Ville de Marseille , & les Tréforiers de France de la Généralité de Provence , pour Fait de Voirie , par lequel lesdits Échevins & Communauté ont été déboutés de leur Requête & demandes , & condamnés aux dépens , du 2. Mars 1694. Autre Imprimé d'Arrêt du Conseil d'État , par lequel Sa Majesté a maintenu les Tréforiers de France du Bureau des Finances de Larochelle , dans l'Exercice & les Fonctions de la Voirie ; a cassé les Ordonnances rendues sur le Fait de la Voirie , par les Maire & Échevins de Larochelle , comme attentatoires ausdites Fonctions , dans lesquelles Sa Majesté a fait défenses ausdits Maire & Échevins , de troubler lesdits Tréforiers de France , du 15. Mai 1696. Copie d'un autre Arrêt du Conseil , intervenu sur l'Opposition formée au précédent par lesdits Maire & Échevins de Larochelle , par lequel Sa Majesté a distingué leurs Fonctions , comme Juges de Police , de celles des Tréforiers de France , comme Juges des Faits concernant la Grande & la Petite Voirie , du 8. Août 1698. Imprimé d'un autre Arrêt du Conseil , rendu entre les Présidens-Tréforiers de France de Bourges , & les Maire & Échevins de la même Ville , par lequel lesdits Tréforiers de France ont été maintenus & gardés dans le Droit de connoître de tous les Fait à eux attribués par les Édits & Reglemens concernant la Voirie , ensemble des Contraventions qui seroient faites ; avec défenses ausdits Maire & Échevins , de les troubler dans l'Exercice & les Fonctions de la Grande & Petite Voirie ; sans préjudice néanmoins ausdits Maire & Échevins , de pourvoir au Nettoyement de la Ville , comme Juges de Police , conformément à l'Usage de Paris , du 5. Août 1697. Copie collationnée d'un Arrêt du Parlement de Paris , par lequel les Supérieurs & Religieuses de Chaillot , Engagistes de la

Haute Justice dudit Lieu, ont été déboutées de leur demande, & les Tréforiers de France de Paris maintenus dans la
connoiffance de ce qui regarde la Grande & Petite Voirie
dans le Territoire de Chaillot, fauf aufdites Religieufes à fe
pourvoir par-devant le Roi pour leur remboursement, fi
faire fe devoit, du 7. Avril 1699. Imprimé d'un Arrêt du
Conseil d'État, rendu entre les Préfidens – Tréforiers de
France de la Généralité de Montauban, & les Maire & Confuls de Montauban, par lequel Sa Majefté a déclaré communs
avec eux lefdits Arrêts du Confeil, des 5. Août 1689. premier Décembre 1693. & 5. Août 1697. En conféquence a
maintenu & gardé lefdits Tréforiers de France dans le Droit
de connoître, dans la Ville & Banlieue de Montauban, de
tous les Faits concernant la Grande & la Petite Voirie, & a
fait défenfes aufdits Maire & Confuls de les y troubler, du
dernier Décembre 1700. & un autre Imprimé d'Arrêt du
Conseil d'Etat, rendu entre les Officiers du Bureau des Finances de la Généralité de Tours, & les Maire & Echevius
de la Ville d'Angers, qui a maintenu lefdits Officiers du
Bureau des Finances, dans le Droit de faire faire les Devis,
& de procéder aux Adjudications des Ouvrages & des Réparations des Pavés de la Ville d'Angers, qui doivent fe faire
aux dépens des Particuliers, & dont la dépenfe ne doit pas fe
prendre fur les Deniers Patrimoniaux & d'Octrois de la
Ville, & ordonné qu'ils connoîtroient de toutes les conteftations qui pourroient furvenir à l'occafion defdits Ouvrages,
même de ceux qui fe feroient fur les Deniers Patrimoniaux
& d'Octrois, du premier Octobre 1737. Requête préfentée
au Confeil par les Capitouls de Touloufe, employée avec les
Piéces y énoncées & jointes par Production nouvelle, pour
Réponfes à la Requête des Sieurs Tréforiers de France, &
tendante à ce qu'il plût à Sa Majefté, fans avoir égard à
ladite Requête des Tréforiers de France, adjuger aufdits
Capitouls les Conclufions par eux prifes en l'Inftance, avec
dépens, ladite Requête fignée Calvel, leur Avocat : Ordon-

nance au bas, portant Acte de l'Emploi, Soient les Piéces
reçûes & jointes, du 22. Mars 1740. signification ensuite,
du 26. dudit mois ; Piéces jointes à ladite Requête ; Extrait
de la Déclaration du Roi, servant de Reglement sur la Jurifdiction du Parlement de Toulouse, & sur celle de la Cour
des Comptes, Aides & Finances de Montpellier, & autres
Tribunaux & Siéges de Languedoc ; portant, à l'Article
L X X I, que Sa Majesté n'entendoit rien innover à la Jurifdiction que les Capitouls & le Parlement de Toulouse étoient
en possession d'exercer dans toutes les Matières concernant les
Tailles, Octrois, Subventions, & autres Impositions qui
se levoient dans la Ville & le Gardiage d'icelle, & que toutes
les contestations qui pourroient naître à ce sujet, continue-
roient d'être portées, en première Instance, devant lesdits
Capitouls, & par Appel audit Parlement, du 20. Janvier
1736. & ensuite est la Copie de l'Arrêt d'Enregistrement
de ladite Déclaration au Parlement de Toulouse, du 28.
dudit mois ; & Copie d'un Arrêt rendu en grande Direction, entre les Tréforiers de France d'Amiens, & les Maire
& Échevins de Montreuil sur Mer, par lequel Sa Majesté a
maintenu lesdits Maire & Échevins dans leurs Privilèges &
Prérogatives, & notamment dans le Droit d'exercer, comme
Juges de Police, la Justice de la Petite Voirie, dans l'étendue de la Ville & Banlieue de Montreuil sur Mer ; a fait
défenses ausdits Tréforiers de France, & à tous autres, de
les y troubler, & a condamné lesdits Tréforiers de France
aux dépens, du 25. Mai 1739. Requête présentée au Conseil par les Sieurs Tréforiers de France de Toulouse, à ce
qu'il plût à Sa Majesté leur permettre de produire, par Production nouvelle, l'Édit y énoncé, & procédant au Jugement de l'Instance, leur adjuger leurs précédentes fins &
conclusions, avec dépens ; Ordonnance au bas, portant,
Soit la Piéce reçûe & jointe, au surplus en jugeant, du 27.
Avril 1740. signification ensuite, du 30. dudit mois ; ledit
Édit portant Création de Lieutenans Généraux de Police dans

chacune des Villes & Lieux où il y avoit Parlement ou autre Cour, Sièges Préfidiaux, Bailliages, Sénéchauffées & autres Jurifdictions Royales, du mois d'Octobre 1699. Vu auffi les Motifs de l'Arrêt du Parlement de Touloufe, du 22. Mars 1735. envoyés en exécution de l'Arrêt du Confeil du 30. Août fuivant, par le Procureur Général de Sa Majefté audit Parlement, du 22. Juillet 1736. Les Dires du Sieur Magneux, Infpecteur Général du Domaine, par lefquels il a été d'avis que la Juftice exercée par les Capitouls, n'eft point propre & Patrimoniale à la Ville, mais qu'elle appartient au Roi, comme Comte de Touloufe ; que cependant il ne feroit pas jufte de les dépouiller de l'Exercice, & qu'il ne croyoit pas devoir fe joindre aux Tréforiers de France, pour demander la caffation de l'Arrêt du Parlement, des 3. Avril 1737. & 13. Avril 1740. Enfemble les Mémoires imprimés des Parties, fignifiés les 2. Janvier & 11. Avril 1740. & généralement tout ce qui a été dit, écrit, produit & remis, par lefdites Parties, par-devant ledit Sieur Savalete, Chevalier, Confeiller du Roi en tous fes Confeils, Maître des Requêtes Ordinaire de fon Hôtel, Commiffaire à ce député : Oui fon Rapport, après en avoir communiqué au Bureau de la Grande Direction des Finances, & tout confidéré ; LE ROI EN SON CONSEIL, faifant Droit fur l'Inftance, a débouté & déboute lefdits Sieurs Tréforiers de France de leur demande en caffation, & les condamne aux dépens. Sur le furplus des demandes, fins & conclufions des Parties, Sa Majefté les a mis & met hors de Cour & de Procès. FAIT au Confeil d'Etat du Roi, tenu à Verfailles, le dix - huitième Juillet mil fept cens quarante-un. *Signé*, DEVOUGNY.

LOUIS, par la grace de Dieu, Roi de France & de Navarre : Au premier notre Huiffier ou Sergent fur ce requis Nous te mandons & commandons que l'Arrêt dont l'Extrait eft ci-attaché, fous le Contre-Scel de notre Chan-

cellerie, cejourd'hui rendu en notre Conseil d'État, pour
les Causes y contenues, tu signifies à tous qu'il appartiendra,
à ce qu'aucun n'en ignore, & fais en outre, pour son entière
exécution, à la Requête des Capitouls & Syndic de la Ville
de Toulouse y dénommés, tous Commandemens, Sommations & autres Actes & Exploits nécessaires, sans autre Permission; CAR tel est notre plaisir. DONNÉ à Versailles,
le dix-huitième jour de Juillet, l'an de grace mil sept cens
quarante-un, & de notre Regne le vingt-sixième. Par le Roî
en son Conseil, DEVOUGNY, *signé*. Scellé le neuvième
Décembre mil sept cens quarante-un.

ARREST

ARREST

DU CONSEIL D'ETAT DU ROI,

CONTRE *les Tréforiers de France de Grenoble.*

Du 20. Décembre 1749.

Extrait des Regiftres du Confeil d'Etat du Roi.

LE ROI étant informé qu'à l'occafion d'un Arrêt rendu par le Parlement de Grenoble le 14. Août dernier, par lequel il auroit été fait défenfes aux Tréforiers de France de ladite Ville de fouffrir qu'on leur donnât la qualité de Nof-feigneurs dans les Requêtes & autres Actes de Juftice qui leur feroient préfentés, & aux Procureurs & aux Parties, à l'ex-ception des Elûs de la Province, de leur donner ladite qua-lité, le Subftitut du Procureur Général au Bureau des Finan-ces de Grenoble auroit fait fignifier le 2. Septembre fuivant audit Procureur Général de Sa Majefté audit Parlement un Acte contenant fes proteftations contre les difpofitions portées par ledit Arrêt, Sa Majefté auroit jugé à propos de fe faire rendre compte des titres fur lefquels ledit Arrêt pouvoit être fondé, & elle auroit reconnu que fa difpofition étoit confor-me à l'article IX. du Concordat paffé le 8. Août 1668. entre le Parlement & les Tréforiers de France de Grenoble, & à un Arrêt du Confeil du 6. Octobre 1691. par lequel Sa Majefté fans avoir égard à la demande formée par lefdits Tréforiers de France en refcifion dudit Concordat, ni à leur demande en caffation d'un Arrêt rendu audit Parlement le 10. Mars

N°. X.

S.

1691. qui leur avoit fait défenses de prendre la qualité de Nosseigneurs, avoit ordonné que ledit Concordat seroit exécuté suivant sa forme & teneur ; ce faisant, que lesdits Trésoriers de France ne pourroient refuser les Requêtes qui leur seroient présentées, sous prétexte que la qualité de Nosseigneurs ne leur y seroit pas donnée, & défenses leur auroient été faites de prendre ladite qualité dans leurs Ordonnances du Bureau des Finances ; que ledit Arrêt du Conseil auroit été suivi d'un autre obtenu par les Officiers de la Chambre des Comptes le 21. Juin 1697. par lequel Sa Majesté auroit de nouveau ordonné, que ledit Concordat, ensemble l'Arrêt de son Conseil du 6. Octobre 1691. seroient exécutés selon leur forme & teneur ; & comme dans ledit Acte de protestation ledit Substitut au Bureau des Finances de Grenoble, en tachant de combattre les titres qui auroient servi de fondement à l'Arrêt du Parlement, s'est servi d'expressions *indécentes* & contraires *au respect qu'il doit à un Tribunal supérieur*, qui connoît par *appel* des affaires jugées en première instance par les Trésoriers de France en plusieurs matieres, & qui est *en droit de les reformer*, Sa Majesté auroit jugé à propos d'expliquer ses intentions sur ce sujet, à quoi voulant pourvoir, SA MAJESTÉ ÉTANT EN SON CONSEIL, a ordonné & ordonne que l'Acte du 2. de Septembre dernier, signifié à la requête du Substitut du Procureur Général au Bureau des Finances de Grenoble, au Procureur Général de Sa Majesté au Parlement de ladite Ville, sera & demeurera *supprimé* : fait Sa Majesté *défenses* audit *Substitut* d'en signifier ou faire signifier à l'avenir de semblables, sous telle peine qu'il appartiendra ; & lui *enjoint de porter l'honneur & le respect qu'il doit audit Parlement.* FAIT au Conseil d'Etat du Roi, *Sa Majesté y étant,* tenu à Versailles le vingtiéme de Décembre mil sept cens quarante-neuf, *Signé,* M. DE VOYER D'ARGENSON.

LOUIS, par la grace de Dieu, Roi de France & de Navarre, Dauphin de Viennois, Comte de Valentinois & Diois ; à notre Huissier ou Sergent premier requis, Nous te mandons & commandons par ces Présentes, signées de notre main, que l'Arrêt ci-attaché sous le contre-Scel de notre Chancellerie, cejourd'hui rendu en notre Conseil d'Etat, Nous y étant, tu signifies de notre ordre & exprès commandement à tous qu'il appartiendra, à ce qu'ils n'en prétendent cause d'ignorance ; & fasses au surplus pour l'exécution dudit Arrêt tous Exploits, Significations & autres Actes requis & nécessaires, sans pour ce demander autre congé ni permission : Car tel est notre plaisir. DONNÉ à Versailles le vingtième jour du mois de Décembre, l'an de grace 1749. & de notre Regne le trente-cinquième, *Signé*, LOUIS : Par le Roi Dauphin, M. DE VOYER D'ARGENSON.

L'AN mil sept cens quarante-neuf & le trente-uniéme jour de Décembre, je soussigné Anselme Marechal, Cavalier de Maréchaussée de Dauphiné, resident à Grenoble, ai signifié & laissé copie du présent Arrêt & Commission y attachée de l'ordre & exprès commandement du Roi à M, M. Treillard de Boissieux, Procureur du Roi au Bureau des Finances à Grenoble, en son domicile en ladite Ville rue Neuve, en parlant à sa personne, à ce qu'il n'en ignore, Signé, MARECHAL.

ARREST

Rendu par la Grand'Chambre du Parlement de Toulouse, le 8. Mai 1758.

N°. XI.

CE jour, les Gens du Roi étant entrés, Malaret de Fonbeausard portant la parole, ont dit : Qu'il est venu à leur connoissance que le Bureau des Finances de la Généralité de Toulouse, a fait mettre de son autorité le Scellé sur les Archives de l'Archevêché de Toulouse, au-dessus de celui apposé par le Juge-Mage, Lieutenant Général en la Sénéchaussée de Toulouse ; que cette entreprise est contraire aux dispositions des Edits, Déclarations du Roi, & aux Réglemens qui donnent aux Sénéchaux & Juges Royaux ordinaires, privativement à tous autres Juges, le droit de procéder à tous Inventaires & Scellés ; que les dispositions des Ordonnances, principalement dans le cas dont s'agit, ont eu leur entiere exécution toutes les fois que le cas s'est présenté : ce qui fait en faveur desdits Officiers un usage non-interrompu, qui feroit d'ailleurs le droit desdits Officiers, suivant la nouvelle Déclaration du Roi du 19. Juillet dernier, qui porte à l'article 10. que les Scellés & Inventaires des Archevêques, Evêques & autres Bénéficiers de nomination Royale, ne pourront être faits par les Cours des Comptes, Aydes & Finances, mais par ceux à qui il appartient, suivant les Ordonnances, Usages & Réglemens. A CES CAUSES, requiert la Cour d'ordonner que le Scellé apposé par le Bureau des Finances de Toulouse sera levé par le Sénéchal de Toulouse ; & qu'il sera par lui procédé à la faction & clôture de l'Inventaire des titres, documens & effets de l'Archevêché, le Substitut du Procureur Général du Roi audit Sénéchal appellé ; avec défenfes au Bureau des Finances de Touloufe , & aux Subftituts du Procureur Général audit Bureau , de à ce leur donner aucun trouble ni empêchement fous les peines de droit. Les Gens du Roi retirés.

LA COUR, vû le Procès-verbal du Juge-Mage de Touloufe du 4. du mois courant, a renvoyé & renvoye en Jugement les Conclufions & Requifitions du Procureur Général , pour les Parties intéreffées ouies, y être pourvû ainfi qu'il appartiendra. Et cependant par provifion a ordonné & ordonne qu'il fera procédé par le Sénéchal , le Subftitut du Procureur Général appellé , à la levée defdits Scellés, appofés par le Juge-Mage & par le Commiffaire du Bureau des Finances , à la faction & clôture de l'Inventaire defdits titres, documens & effets ; avec défenfes au Bureau des Finances de Touloufe , & aux Subftituts du Procureur Général audit Bureau , de à ce donner aucun trouble ni empêchement fous les peines de droit. MANIBAN, BASTARD, *fignés.*

ARREST

DE LA COUR DE PARLEMENT,

Du 24. Juillet 1758.

N.° XII. QUI ordonne qu'à défaut des Procureurs au Bureau des Finances de Montpellier , les Parties feront tenues de s'adreffer aux Procureurs au Sénéchal de ladite Ville , &c.

Extrait des Regiftres du Parlement.

SUR les requifitions verbalement faites par le Procureur Général du Roi , qu'il eft venu à fa connoiffance qu'il s'eft introduit un abus dans la pourfuite des affaires concernant les Domaines du Roi qui font portées au Bureau des Finances de Montpellier , en ce qu'au défaut des Procureurs en titre de ce Bureau , les Parties font occuper par des Procureurs en la Cour des Aydes , au préjudice des Procureurs au Sénéchal , qui doivent avoir la préférence , étant du Reffort de la Cour. A CES CAUSES , ledit Procureur Général requiert la Cour ordonner qu'en défaut des Procureurs au Bureau des Finances , les Parties feront tenues de s'adreffer aux Procureurs au Sénéchal à peine de caffation & nullité de toutes les Procédures qu'elles auroient fait faire par tous autres Procureurs que par ceux du Bureau des Finances , & à leur défaut par les Procureurs au Sénéchal , & de caffation & nullité de tous Jugemens rendus fur lefdites Procédures : Comme auffi faire défenfes aux Officiers dudit Bureau des Finances de recevoir ni appointer aucune Requête qui seroit contre-signée par des Procureurs d'une Jurisdiction étrangere à celle de la Cour. Ordonner que l'Arrêt que la Cour va rendre sera imprimé, lû, publié & enregistré audit Bureau des Finances, afin que personne ne l'ignore, à la diligence du Substitut dudit Procureur Général audit Bureau, qui en certifiera la Cour dans le mois.

Ledit Procureur Général retiré ; eue Délibération :

LA COUR, ayant égard ausdites requisitions, a ordonné & ordonne que jusques qu'il y ait été autrement pourvu par le Roi, en défaut des Procureurs au Bureau des Finances de Montpellier, les Parties seront tenues de s'adresser aux Procureurs au Sénéchal de ladite Ville, à peine de cassation & nullité de toutes les Procédures qu'elles auroient fait faire par tous autres Procureurs que par ceux du Bureau des Finances, & à leur défaut par les Procureurs au Sénéchal, & de cassation & nullité de tous Jugemens rendus sur lesdites Procédures : Comme aussi fait défenses ladite Cour aux Officiers dudit Bureau des Finances de recevoir ni appointer aucune Requête qui seroit contre-signée par des Procureurs d'une Jurisdiction étrangere à celle de la Cour. Ordonne en outre que le présent Arrêt sera imprimé, lu, publié & enregistré audit Bureau des Finances, afin que personne ne l'ignore, à la diligence du Substitut dudit Procureur Général audit Bureau, qui en certifiera la Cour dans le mois. PRONONCÉ à Toulouse en Parlement le 24. de Juillet 1758. Collationné, BARRAU. Controllé, VERLHAC. *Monsieur DE BASTARD, Rapporteur.*

Collationné par Nous Ecuyer, Conseiller-Secrétaire du Roi, Maison, Couronne de France, Audiencier en la Chancellerie de Languedoc près le Parlement de Toulouse.

ERRATA.

Page 5, *ligne 3*, donn, *lisez* donne.

Page 11, *ligne 6*, ses, *lisez* les.

Page 17, *ligne 28*, rendroit, *lisez* rendoit.

Page 22, *ligne 28*, 1626, *lisez* 1627.

Page 26, *ligne 6*, indépence, *lisez* indépendance.

Note pour la page 29. Ces demandes sont copiées sur le Mémoire imprimé que les Trésoriers envoyerent à M. le Chancelier.

Page 42, *ligne 4*, Messire, *lisez* Me. Jean de.

A la Note (*a*) de la page 42, *ligne 2*, par Commissions, *lisez* par des Commissions.

Ibid. La Note (*b*) est pour la fin de l'alinea qui commence par ces mots : *On voit par les.*

Page 43, *ligne 10*, Table, *lisez* Tables.

Page 44, *ligne 28*, elucentis, *lisez elucescentis.*

Page 48, *ligne dernière*, de la Marre, *lisez* la Mare.

Page 49, *ligne 5*, de Droits, *lisez* des Droits.

Page 52, *ligne 18*, de la Marre, *lisez* la Mare.

Page 53, *ligne 8 & 9*, avec les autres Compagnies de la Ville dans le Barreau, *lisez* avant les autres Compagnies, *& effacez* dans le Barreau.

Page 56, *seconde colonne, ligne 9*, Maires, *lisez* Maîtres.

Page 58, *à la marge*, N°. IX. *lisez* N°. III.

Page 64, *ligne 8*, aux, *lisez* en.

La Note (*b*) de la page 65 se rapporte au mot *mandés* de la *ligne 4.*

Page 68, *dernière ligne*, effacez *ont dit.*

Page 85, *ligne 19*, 1526, *lisez* 1536.

Page 95, *ligne 4, & ligne 12*, *lisez* Senault.

Page 132, *ligne 27*, *Fait*, *lisez Faits.*

Page 133, *ligne 18*, Echevius, *lisez* Echevina.